Blumenseelen

Blumenseelen

Zwölf Märchen von Blumen
meines Gartens

⁂

Harry Maasz

⁂

Zeichnungen von
Paul Fischer

Herbert-Gerisch-Stiftung · Wachholtz

Impressum

Herausgeber: Brigitte Gerisch, Herbert-Gerisch-Stiftung

Redaktion: Martin Henatsch

Erstdruck 1918 durch den Verlag für Volkskunst und Volksbildung Richard Keutel, Lahr in Baden

ISBN 978-3-529-05184-5
www.wachholtz.de

Bibliografische Informationen der Deutschen Bibliothek
Die Deutsche Bibliothek verzeichnet diese Publikation in der Deutschen Nationalbibliografie; detaillierte bibliografische Daten sind im Internet über http://dnb.ddb.de abrufbar.

Vorwort

Die vorliegende Märchensammlung des Gartenarchitekten Harry Maasz (1880 – 1946) führt den Leser nicht nur durch die heimische Pflanzenwelt, sondern auch durch alle Jahreszeiten. Schon die Titel der einzelnen Märchen *Stiefmütterchen*, *Sonnenblume*, *Herbstzeitlose* oder *Christrose* verweisen auf Frühling, Sommer, Herbst und Winter. Den Beginn der Sammlung aber bildet das Märchen *Die Laternenblumen*, das einem üppigen Blumenarrangement gleicht, in dem alle Protagonisten, die Blumenseelen, vorgestellt werden.

Der König des Blumenreiches lädt zu einem Sommerfest und eine bunte Gesellschaft findet sich ein – mit tanzenden Elfen und musizierenden Insekten. Die Personifizierung von Flora und Fauna zieht sich durch alle Märchen und verleiht ihnen ihren altmodischen, aber gerade dadurch bezaubernden Reiz.

Im Märchen *Stiefmütterchen* erzählt ein Dichter, wie die Geschichten entstehen. In ihm dürfen wir die Stimme von Harry Maasz selbst vermuten. Der Dichter sitzt am Schreibtisch, da fällt eine welke Blüte aus einer Vase und nimmt das

Gespräch mit ihm auf. Er lauscht ihrer Erzählung und schreibt sie nieder. Im Dialog mit der Natur wird er zum Autographen der Blumenseele. Aber in dieser Welt von Fauna und Flora geht es zu wie unter den Menschen. Uralte Themen wie Neid, Eifersucht, Angeberei, Abenteuerlust, Vergänglichkeit, Ungehorsam und vieles mehr werden behandelt. Nur an einem lässt Harry Maasz keinen Zweifel: Die Schöpfung ist göttlich und folgt ihrer eigenen himmlischen Ordnung.

In der Fachliteratur erklärt man sich die Hinwendung des Gartenarchitekten Maasz zum Genre des Märchens mit seiner Absicht, erzieherisch auf die Jugend wirken zu wollen. Ob sich damit seine außergewöhnliche Leidenschaft hinreichend erklären lässt, sei dahingestellt. Die Märchen von 1918 finden in der Maasz-Literatur jedenfalls keine ernsthafte Erwähnung und werden als sentimentale Arabeske des renommierten Künstlers aus Norddeutschland eingestuft. Aber gerade dem Kenner und Liebhaber von Harry Maasz müssten sie entgegenkommen, weil sie auf originelle Weise grundlegende Elemente seiner Fachliteratur literarisch reflektieren.

Aus seinen Bepflanzungsplänen geht z.B. hervor, daß er dem Rittersporn einen herausragenden Platz einräumt. Und schon in den ersten Zeilen der Märchensammlung begegnet der Leser dem Rittersporn als König des Blumenreiches. Einige Märchen wirken wie Variationen auf die Fachpublikationen des Künstlers. Wenn im Märchen *Mummelchen und Röschen* das Leben zweier Seerosen in einem Wasserbecken beschrieben wird, drängt sich der Vergleich mit Maasz' Schrift *Wasserbecken für kleine und große Gärten* auf. Ein Gleiches trifft für das Märchen *Papa Stachelbart* zu, das sich als Pendant zu *Die Schönheit unserer Kakteen* lesen lässt.

Die Märchen sprechen eine eigene Sprache, Arabesken gleich. Es gilt, sie zu entdecken und zu entschlüsseln.

Karin Wittlinger

Zu Gunsten besserer Lesbarkeit wurde die Erzählung in einer moderneren Schrift gesetzt. Seitenaufteilung und alte Rechtschreibung wurden dabei weitgehend beibehalten.

Eine Neuauflage der Herbert-Gerisch-Stiftung, 2007

Blumenseelen

Zwölf Märchen von Blumen meines Gartens

★

Von Harry Maaß

★

Mit Zeichnungen von
Paul Fischer

Stuttgart
Verlag für Volkskunst · Richard Keutel

Inhalts-Übersicht

Die Laternenblumen

Die Laternenblumen.

Vor vielen, vielen Jahren war Rittersporn der Zwölfte auf den Thron eines herrlichen und üppigen Blumenreiches gesetzt. Er regierte mit Sanftmut und Gerechtigkeit sein vielfarbiges Volk der Blumen und war ein dankbarer Herrscher, daß ihn alle lieb hatten.

Eine aber war unter den Blumen, die hatte ihn besonders lieb. Sie war von lieblicher Anmut und ihre Gestalt war so wunderbar anzuschauen, daß alle Blumen in der Nachbarschaft sich vor ihrer Schönheit in Ehrfurcht und Andacht verneigten. Sie trug ein goldgelbes Gewand, so golden und leuchtend wie die Sonne am Himmel, und so geschah es, daß ihr all die Blumen im Blumenreich den Namen Herbstsonne beilegten.

Herbstsonne wurde bald die Gemahlin des Rittersporns, und es gab ein herrliches Hochzeitsfest, welches viele Wochen hindurch dauerte und bei dem alle Blumen des Reiches ihre schönsten Gewänder trugen.

Der König, dem dieses fröhliche und herrlich farbige Hochzeitsfest wohlgefallen hatte, wollte seinen Untertanen, bevor er seine Reise in ferne Länder antrat, als Dank für alle ihre Fröhlichkeit, ein noch schöneres Fest bereiten, und da er ein gerechter Herrscher war, dachte er dem scheidenden Sommer ein Abschiedsfest zu geben. Er befahl seine Gemahlin zu sich und sprach also: „Liebe Herbstsonne, wir wollen dem lieben braven Sommer ein Abschiedsfest geben, das so schön und herrlich sein soll, wie es in meinem Reich nie gewesen ist. Der Sommer hat so treu und fleißig seine Pflicht erfüllt; fast hundert Tage lang ließ er die Sonne auf uns herniederscheinen, und wenn es des Guten zuviel geworden, ließ er fruchtbaren Regen über Nacht fallen, so daß alle unsere Untertanen zu einem kräftigen und reichblühenden Volk geworden sind.

Sage meinem Diener Eisenhut, der von seiner langen Reise zurückgekehrt ist, er möge sein schönstes blaues Gewand anlegen und alle Blumenelfen des Reiches zum großen Abschiedsfest des Sommers einladen."

Die Königin, voll Freude über den Beschluß des edlen Herrn und Gemahls, tat wie ihr befohlen und überbrachte dem Diener Eisenhut den Befehl des Königs. Dieser, erfreut über das bevorstehende Fest, warf sich in sein schönstes blaues Gewand, welches er besaß, stülpte den prächtigen blauen Helm aufs Haupt, nahm sein Horn und stieß dreimal kräftig hinein, daß es weithin in das Blumenreich schallte.

Kaum aber war der letzte Laut verklungen, da schlüpften auch schon die zarten kleinen Elfchen aus den Blütenkelchen heraus und begannen einen gar lustigen, übermütigen Reigen, schlugen Purzelbäume vor Freude, tanzten und sangen und stimmten mit ihren zarten Instrumenten Weisen an, die sich gar lieblich und wohlklingend anhörten. Die ganze Luft war erfüllt von dieser Musik.

Auf einen Wink von Eisenhut ließen sich die Elfchen auf die Erde nieder, jedes nahm auf seinem Grashalm Platz und gaukelte übermütig darauf auf und nieder.

Eisenhut aber tat seinen Mund auf und sprach: „Ich habe euch Blumenelfchen hierher gebeten, um euch zu sagen, daß der König Rittersporn dem Sommer ein Abschiedsfest geben will, zu dem ihr alle geladen seid. An jenem Abend, an dem der Sommer von uns Abschied nimmt, mögt ihr alle erscheinen. Bereitet eure schönsten Gewänder vor und übt eure lieblichsten Weisen, denn es gilt dem lieben Sommer für all den Sonnenschein, den er uns in so reichem Maße brachte, zu danken."

Als solches die Elfchen vernommen, verneigten sie sich vor Eisenhut, gaukelten fröhlich einige Male auf und ab und wirbelten alsdann hoch in die Luft. Der ganze Himmel strahlte in den herrlichsten Farben ihrer bunten Kleidchen, rot, violett, blau, gelb und grün, und es war prachtvoller anzuschauen als die Säle in dem Schloß einer orientalischen Prinzessin.

Nur eins war still und vor Grimm in sich gekehrt in ihre Blüte am Gartenzaun zurückgekrochen.

Das war die Elfe des Nachtschattens. Sie legte ihr purpurnes Gewand ab, warf sich einen schwarzen Schleier über und flog mit Windeseile zur Höhle des Nebels.

Beim Nebel saß die Dunkelheit und beide waren voll Zorn über die Botschaft des Nachtschattens, denn sie alle waren die ärgsten Feinde des sonnigen Sommers und des bunten lustigen Blumenreiches.

Als die böse Nachtschattenelfe berichtet hatte, was Eisenhut verkündete, beschlossen alle drei das Fest zu zerstören.

Nachtschatten sollte dem grauen Nebel und der schwarzen Dunkelheit das Tor zum Blumenreich öffnen, und dann wollte das Paar sein böses Werk ausführen. Sie gaben sich die Hand zum Versprechen und schieden mit Neid und Mißgunst in ihren Herzen voneinander.

Der Tag des Abschiedsfestes war herangekommen. Früh am Morgen schon hatte der glückliche Sommer die Sonne an den Himmel gesteckt, denn die Blumen alle im Reich sollten in der schönsten Laune sein, und ihre Gewänder sollten in den prächtigsten Farben strahlen. Das war ein Flüstern rings umher in den Blüten. Die Elfchen putzten und schmückten sich und jede suchte sich aus ihrem Schränkchen das herrlichste Kleid in den herrlichsten Farben.

Auf einem grün-goldenen Thron saß König Rittersporn der Zwölfte im blauen Gewand mit purpurnen Litzen und Kragen, und ihm zur Rechten hatte seine Gemahlin Herbstsonne Platz genommen. Ihr Gewand war eitel Gold und auf dem Haupte trug sie ein kupferfarbenes mit Saphir und Korallen besetztes Diadem. In der Sonne funkelten blitzende Diamanten, die ihr der Morgentau zum Abschiedsfest dargebracht hatte. Prinzessinnen in rosa, hellblauen und gelben Kleidchen kamen und brachten der Königin ihre Grüße dar, und bunte Falter waren von weither geflogen, um das Fest zu verschönen.

Als der Abend kam und die Sonne im roten Festgewand am Himmel stand, begann ein Klingen und Singen die Luft zu erfüllen. Aus jeder Blüte des Blumenreiches schlüpfte eine Elfe hervor, so köstlich anzuschauen wie die Farben eines Regenbogens und so zart wie die Flügel einer Libelle. Millionen Elfen schwirrten in der Luft, sie tanzten Ringelreihen und zogen zwei zu zwei bis an den Thron der Königin, verneigten sich und jedes sprach sein Verslein, wie es im Reich der Blumen und der Sonne von alters her Brauch war.

Tagfalter und Abendfalter schwirrten von Blüte zu Blüte und brachten dem König und der Königin süßen Honig und abendlichen Tau zur Erfrischung. Da, – als alles in schönster Farbenpracht strahlte, als die Elfchen ihre Loblieder sangen und musizierten auf Harfen, Geigen, Gitarren und Mandolinen, verdunkelte sich plötzlich die Sonne, und aus der Ferne näherte sich etwas wie eine graue Nebelwolke. Näher und näher kam es herangezogen mit langen grauen Schleppen. Das war der böse Nebel, dem die Nachtschattenelfe in das Tor zum Blumenreich Einlaß gewährt hatte. Hinterher kam die Dunkelheit und breitete ihr schwarzes Gewand über all die lustigen Gäste aus.

Ein kalter Windhauch wirbelte die armen kleinen Elfchen durcheinander und es wurde im Blumenreich so dunkel, daß keines derselben ihre Blüte wiederfinden konnte.

Alles flüchtete und schrie wirr durcheinander und der König und die Königin gerieten über diesen Verrat in einen argen Zorn. Als er eben seiner Leibgarde den Befehl gegeben hatte, die verwirrte Festgesellschaft zu beruhigen, tauchten am Himmel viele kleine rote Lämpchen auf, die näher und näher kamen. Aus den vielen wurden Hunderte, Tausende, ja Millionen. Die ganze schwarze Luft war davon so erfüllt, daß es plötzlich taghell wurde, als all die Lämpchen in das Blumenreich geflogen kamen. Eines dieser Lämpchen ließ sich vor den König und die Königin führen und sprach also: „Du lieber König, du sanfte Königin, wir erhielten Kunde von dem schrecklichen Verrat, den die Nachtschattenelfe an euch verübt hat, indem sie dem

Nebel den schönen Plan dieses herrlichen Festes verraten hat. Wir Lampenpflanzen, die wir euch und den Sommer innig lieben, haben Rat abgehalten und haben uns entschlossen, den Nebel und die Dunkelheit mit unseren Laternen zu bekämpfen. Da unsere Laternen aber zu klein sind, fürchteten wir nicht genug Licht in euer Blumenreich zu bringen, und so beschlossen wir einen Sendboten nach den japanischen Schwestern zu schicken, damit sie helfen, unseren Kampf siegreich zu Ende zu führen.

Nun sind wir mit unseren japanischen Schwestern, welche große Laternen tragen, hier und bringen euch Licht, damit ihr das Sommerabschiedsfest herrlich zu Ende führen könnt. Wir bringen Grüße von all den Wildblumenelfen und wünschen euch Gesundheit und langes Leben, auf daß ihr noch lange weiter regieret in eurem Blumenreich. Unter solch einem König und unter solch einer Königin, wie ihr es seid, müssen all die herrlichen Blumen um euch herum zu sonnigen fröhlichen Untertanen werden."

Darauf verneigte sich die Laternenelfe und trat zurück. Unter den Blumenelfen, die sich von ihrem Schreck erholt hatten, brach lauter Jubel aus und aufs neue stimmten sie ihre Instrumente zu lustigen Weisen.

Der König aber, gerührt ob dieser Hilfe, erhob sich von seinem Thron, faßte die Königin bei der Hand und sprach also: „Hört alle ihr Blumenelfchen in der Runde, diesen Laternenelfchen, die von weither, ja sogar aus dem Blumenreich des fernen Japan hergekommen sind, um uns zu beschützen, spreche ich meinen königlichen und euren Dank aus."

Dann zu der riesengroßen Schar der Laternenelfen gewendet, die im großen Kreis mit ihren roten glühenden Laternen die festliche Gesellschaft umstanden, sprach er mit lauter, vor Dankbarkeit zitternder Stimme: „Bisher habe ich euch, geliebte Schwestern, nicht geachtet und nicht für würdig befunden, euch in mein Blumenreich einzureihen. Eure unscheinbaren weißen Blüten, die in dichtem Laub versteckt lagen, schienen mir zu gering, und darum habe ich euch keinen Einlaß gewährt.

Heute aber, an diesem Tage, an dem der Sommer Abschied hält, in dieser Nacht, wo ihr mir mit euren wunderschönen Laternen das Fest so verherrlicht, wo ihr mich beschützt habt vor neidischen und mißgünstigen Feinden, will ich euch in mein Reich aufnehmen, ihr sollt fortan den schönsten Platz in meinem Blumenreich einnehmen, damit ihr noch manche Nacht und manchen grauen garstigen Herbsttag mit euren Lichtern herrlich schmückt.

Der schnöden Nachtschattenelfe aber verbiete ich fortan den Aufenthalt in meinem Reich," und er befahl seinem Diener Eisenhut, sie auszuweisen.

Als der König ausgesprochen hatte, brach lauter Jubel aus ringsum und in den fröhlichen Reigen traten die Laternenelfchen. Das war ein Leuchten und ein Funkeln im Gras und auf den Blüten, in den Wegen und in den Lüften, und erst als der graue Morgen kam, als der Herbst mit gelben Blätterwagen ins Land zog, verabschiedete sich der König und die Königin und der bunte Festreigen war zu Ende.

Zwischen welkenden müden Blumen, in deren Blüten die Elfchen nun still und traurig sitzen, stehen fortan die Laternenpflanzen und erfreuen die Menschen mit ihren rotleuchtenden Fruchthüllen.

Christrose

Christrose.

Auch in Tante Martjes Garten am Ende der Stadt, dort wo die grünen Kuhweiden liegen, war es Herbst geworden. An den Bäumen hing goldenes Laub und die wenigen Äpfel, die da oben in der Spitze des Baumes auf und ab schaukelten, waren schon schrumplich geworden. Der alte Gärtner hatte sie vergessen. Nun warteten sie geduldig auf den Tag, wo ein toller Sturmwind sie herunterschüttelte, und freuten sich darauf, daß sie auch in dem warmen Apfelkeller wohnen durften solange, bis Tante Martje sie in die gemütliche warme Stube holte, wo sie dann auf einer silbernen Schale, die mitten auf dem Tisch stehen sollte, liegen konnten. Da sollte es zu gemütlich sein, hatte der Gärtner zur Magd gesagt.

Die vielen schönen bunten Blumen waren schlafen gegangen und nur wenige Astern mit blauen, roten und weißen Federhüten standen hinter dem Buchsbaum und vor den dicken Georginen mit ihren rot und weiß gesprenkelten Blüten, die wie ganz neue wunderschöne Gummibälle aussahen, nickten traurig vier goldgelbe Ringelblumen und wischten sich eben den Schlaf aus den Augen. Sie waren noch müde.

„Wie kalt es heute Morgen ist," flüsterte da etwas unter dem alten Hollerbusch. Es war die Leberblume, die in einem dicken dunkelgrünen altmodischen Mantel eingehüllt war. Mit diesem Mantel schützte sie ganz sorgsam ihre schlafenden Blüten, denn sie war besonders stolz darauf, die herrlichen blauen Sterne, die sie in großer Anzahl hervorzauberte, dann leuchten zu lassen, wenn alle anderen Blumen noch den Winterschlaf schliefen.

„Ist es nicht besser, Schwester Christrose," flüsterte sie, „wenn wir uns auch schlafen legen?"

„Schon seit vielen Tagen weht ein garstiger kalter Wind, daß mir die Hände und Füße zittern und die Zähne klappern. Sonst leuchtete wohl noch die liebe Sonne in unseren Winkel, aber seit gestern kümmert sie sich nicht mehr um uns. Wenn sie doch wenigstens ein Paar ihrer tausend Strahlen über den Gartenzaun schicken möchte, um uns zu erleuchten und zu erwärmen.

Aber dazu ist sie wohl zu faul oder sie ist böse mit uns geworden – was meinst du, Schwester Christrose? Ich habe keine Lust, noch länger mit den kalten Kröten, den Käfern und den Schnecken in diesem dunklen Winkel zusammen zu leben. Komm, laß uns schlafen gehen, dann sehen wir von dieser elenden Welt nichts mehr."

„Elend nennst du diese Welt? O du undankbare Schwester, wie kannst du so von unserer herrlichen schönen Erde sprechen," antwortete die Christrose,

„du bist die schönste im ganzen Garten. So blau wie deine Blütensterne sind all die anderen Blüten nicht."

Die ersten lauen Sonnenstrahlen wecken dich aus deinem langen Winterschlaf und dann besuchen dich die Bienen und Hummeln, und die vielen bunten Falter kommen geflogen, noch schwach und lahm vom kalten Winterlager und stärken ihre Flügel und Glieder an deinem Honig. Solltest du nicht dankbar sein, daß dir der liebe Gott ein solch herrliches blaues Kleid gegeben, blauer als der Sommerhimmel und blauer noch als die Seen unserer Berge? Und kommen nicht immer, wenn du blühst, die kleinen Kinderchen und pflücken von deinen blauen Sternen und winden daraus einen herrlichen blauen Geburtstagskranz für den Napfkuchen der guten lieben alten Tante?! Wie undankbar du bist, liebe Schwester, nein, schäme dich! Wer ein solch herrliches Gewand trägt wie du, wer so von allen Menschen geliebt wird wie du, der sollte immer dankbar sein, auch wenn die Sonne einmal nicht mehr in seine Ecke scheint.

Und sieh in jene Gartenecke unter den Jasminstrauch, siehst du nicht dort die vielen kleinen zarten Schwestern, denen im ganzen langen Frühling und Sommer die Sonne nicht einmal eine Stunde ihren Besuch gemacht hat? Der Mensch hat ihnen den Namen Unkraut gegeben, rupft sie aus und wirft sie in die Abfallecke, damit sie sterben und zu Erde werden. Ich hörte einmal, wie der alte Gärtner mit dem grauen Bart, du kennst ihn doch noch – jetzt ist er schon zwei Jahre tot – sagte: Daraus machen wir die schönste Blumenerde.

Ja, liebe Schwester, diese kleinen zarten Schwestern sind trotzdem immer dankbar. Sie freuen sich über jedes kleine Sonnenfleckchen auf dem Jasminstrauch und blühen vom Frühling bis spät in den Herbst hinein."

Aber die Leberblume wollte davon nichts wissen, sie blieb undankbar. Und als die Christrose weiter erzählen wollte von der Schönheit der Welt, zog sie ihren altmodischen dicken Mantel enger an, verkroch sich in einen Laubhaufen, den der Wind soeben zusammengefegt hatte, und legte sich zum Winterschlaf nieder.

Nun stand Christrose allein unter dem Holderstrauch und freute sich darüber, wie die liebe Sonne mit den gelben Herbstblättern spielte, wie sie die alten Äpfel dort oben am Zweig neckte und wie sie die großen Federhüte der Astern am Buchsbaum mit goldenen Farben anmalte. Lange silberweiße Spinnenfäden kamen von irgendwoher geflogen, setzten sich an Zweigen und Blättern fest und ließen sich vom leisen Wind wieder aus dem Garten tragen.

Es kamen Falter mit prachtvollen Uniformen aus Nachbars Garten geflogen, setzten sich auf die weißroten Bälle, gaukelten zu den Ringelblumen und sogen mit ihren langen Rüsseln den klaren

Morgentau von den Grashalmen. Wespen nagten von den vertrockneten Pflaumen, die im Rasen lagen, und Meisen hämmerten mit ihren spitzen Schnäbelchen Sonnenblumenkerne aus den verblühten Scheiben. Das war ein prächtiger Herbsttag.

Tante Martjes Garten war wie mit lauter Gold übergossen und erst als die Sonne hinter den großen Kastanienbäumen unterging, als sie noch einmal über die Wolken am Himmel ihren kirschroten Strahlenschleier ausbreitete, legte sich Christrose fröhlich schlafen.

Viele solcher goldenen Herbsttage waren dem Garten noch beschert, dann kam Sturm mit Regen und kalten Nächten und fegte die letzten goldenen Blätter von den Zweigen.

Rotbraune glänzende Kastanien mit schneeweißem Schild purzelten von den großen Kastanienbäumen und sprangen vor lauter Übermut vom Weg auf den Rasen, und auch die verhutzelten Äpfel traten ihre Reise in Tantes geliebten Keller an.

Da legte sich Christrose in ihr warmes molliges Winterbett und fiel in einen tiefen, tiefen Winterschlaf.

Viele Tage und Wochen mochte sie wohl geschlafen haben, da huschte aus dem Laub ein kleiner Kobold. Einen Mantel hatte ihm die Waldrebe gemacht aus silberweißen Federn ihrer Fruchtstände und auf seinem Haupte leuchtete eine kirschrote

Pudelmütze. Die hatte er sich aus dem Hutladen von Meister Pfaffenhütchen im Weidenknick gekauft. In der Hand hielt er einen Stab aus Bocksdorn.

Leise schlich er sich in Christroses Bett, setzte sich ans Kopfende und berührte mit seinem Bocksdornstab die Stirn der schlafenden Christrose.

Da träumte sie einen schönen langen Traum.

Sie stand am sanften Abhang eines riesengroßen Berges mitten zwischen vielen, vielen bunten Blumen. Ein blauer Himmel lag über ihr und Schmetterlinge gaukelten in den Lüften mit rot und blau schillernden riesengroßen Schwingen, die wie Gold, Edelsteine und Perlmutter in der Sonne funkelten. Adler kreisten hoch oben um die Spitzen der Berge und muntere Gemsen kamen über Steingeröll gesprungen, daß es eine Lust war. Als sie so ihres Lebens sich freute, kam ein kleiner Mann mit einer grauen Hornbrille des Weges daher. Er trug eine große grüne Botanisiertrommel an einem breiten grünen Band über seiner linken Schulter, hielt in der linken Hand ein weißes Schmetterlingsnetz und in der rechten Hand ein kleines dickes Buch, in das er ab und zu seine Hornbrille tief hineintauchte.

Als der kleine Mann Christrose sah, stieß er einen Freudenschrei aus, nahm einen kleinen spitzen Spaten, den er am Ledergürtel trug, bückte sich und grub sie mit all ihren Wurzeln sorgfältig aus. Das machte er so geschickt, daß er keines ihrer feinen Würzelchen verletzte. Nachdem der kleine Mann sie durch seine großen Brillengläser noch einmal recht freundlich angesehen hatte, blätterte er in seinem Buch nach, nahm sein Notizblatt, kritzelte einige fremde Namen hinein und packte Christrose sodann in weiches feuchtes Moos sorgfältig ein. Dann wurde sie in die grüne Botanisiertrommel gelegt, und es ward dunkel um sie herum, wie in einem Keller, in dem keine Fenster sind.

Wie lange sie in dieser Dunkelheit zugebracht, konnte sie sich nicht entsinnen. Aber es war sehr lange, soviel wußte sie schon, denn: als sie ausgepackt wurde, waren viele von ihren zarten Blüten schon faltig und braun geworden.

Einen halben Tag lang stand sie in einem großen Saal mit anderen Blumen ihrer Heimat zusammen. Dann wurde sie von einem anderen Mann mit langem grauen Bart sorgfältig in einen Garten gepflanzt.

Schöne fruchtbare Erde legte man an ihre Wurzeln und der Mann mit dem grauen Bart sagte: „Du sollst es gut haben in meinem Garten, ich will dich lieb haben und pflegen, damit du viele schöne Kinderchen bekommst mit viel herrlicheren Blüten als du sie selber hast und ich will sie erziehen, daß sie allen Menschen Freude machen."

Und so geschah es, wie der liebe alte Mann gesagt hatte.

Christrose stand geduldig an ihrem schattigen Platz und wurde bei der Pflege groß und kräftig.

Dann kam der Winter und sie wurde warm eingepackt in frisches braunes Laub, und als der Frühling in den Garten gezogen kam, leuchteten ihre hellen, weißen, zarten Blüten fröhlich in den Himmel hinein.

Täglich besuchte der liebe alte Mann mit dem langen grauen Bart die Christrose und da geschah es eines Tags, daß er in einen großen Topf eine andere Schwester brachte, die hatte große dunkelpurpurrote Blüten und war so herrlich anzuschauen wie die Abendröte.

Christrose verneigte sich vor ihrer Schönheit und errötete leise vor Freude über diesen unerwarteten Besuch. „So," sprach der liebe alte Mann und nahm einen weichen Pinsel aus seinem Kasten: „Nun will ich von dem Blütenstaub dieser deiner schönen Schwester auf deine Blüten übertragen," sprach's und tauchte den weichen Pinsel in den gelben Pollen der dunkelpurpurroten Schwester und tauchte alsdann die mit goldenem Staub bedeckten Haare sanft in die Blüte der Christrose.

Ein leiser lieblicher Schauer überlief unsere Christrose, sie hörte die herrlichsten Melodien und von den Bäumen fielen bunte Blüten zur Erde – es war der Christrose Hochzeitstag heute.

Treulich bewachte nun der liebe alte Mann unsere Christrose. Er bedeckte sie mit einem Kasten aus feinstem Gewebe, damit kein böser Geist ihr etwas zuleide täte.

Täglich kam er, um ihre Blüten zu bewundern, er streichelte sie mit zarter Hand und sprach die liebevollsten Worte mit ihr. Er schützte sie vor Sturm und Regen, und wenn es gar zu trocken wurde, gab er ihr aus einer schönen silbernen Kanne helles klares Wasser zum Löschen ihres Durstes.

Viele Wochen waren ins Land gezogen und die Vögel verkündeten den Sommer. Da waren viele, viele Samenkörner in den Fruchtknoten der Christrose herangewachsen und reif geworden.

Der liebe alte Mann mit dem grauen Bart sammelte sie und säte sie in einer schönen roten Schale aus, stellte sie in ein lichtes warmes Glashaus zu anderen prachtvollen Blumen und siehe da – da wuchsen all die kleinen winzigen Kinderchen der Christrose heran. Sie wurden groß und stark, und als sie viele grüne Blätter hatten, durften sie bei der lieben Mutter draußen im Garten sein.

Wieder kam ein Frühling ins Land gezogen, der schönste, den unsere Christrose je erlebt hatte. Alle ihre Kinder blühten und ihre Blüten waren rosa, rot und dunkelpurpurrot, sie waren so schön, daß alle Insekten von weit und breit herangeflogen kamen, und Menschen, viele Menschen kamen und blieben vor Verwunderung stehen und staunten über diese wundervollen Farben.

Unsere Christrose aber war nie glücklicher gewesen als in diesem Frühling. –

Der kleine Kobold mit dem silberweißen Federkleid und der kirschroten Mütze hatte seinen Bocksdornstab zur Seite gestellt, rieb sich vergnügt die kleinen Hände und verschwand ganz leise wie er gekommen. –

Es wurde kalt im Garten der alten guten Tante Martje, Schneeflocken fielen vom Himmel und lange Eiszapfen hingen vom Gartenhaus herab, sie reichten fast bis an die Erde. Dann kam das schöne Weihnachtsfest, und als viele, viele Wochen vergangen waren, wehte aus Südwesten ein lauer warmer Wind.

Christrose konnte nicht mehr schlafen. Der Tauwind hatte sie geweckt, und als sie um sich blickte – was war das! Da waren ihre Blumen aufgeblüht, viele schöne rote Blumen, sie waren durch den Schnee gebrochen und lagen nun wie große rote Blutstropfen auf einem schlohweißen Bettlaken.

Christrose sah sich verwundert um.

„Ich hatte doch weiße Blüten?" meinte sie.

„Doch nein, das war ja alles nur ein Traum. Das war ja meine Mutter, die ehedem am Abhang des Berges stand, wo Adler kreisen und bunte schillernde Falter um bunte Blumen gaukeln.

Ich bin ja eins ihrer Kinder.

Liebe, liebe Mutter, wie mag es dir gehen, bist du noch bei dem alten Mann mit dem langen grauen Bart?"

Er lag viele Jahre schon unter dem Efeuhügel vor dem Tore der kleinen Gelehrtenstadt, und alljährlich, wenn der Schnee zu schmelzen begann, streckte eine Christrose ihre roten Blüten durch den weißen Schnee ins blaue Luftmeer des Himmels.

Es war eine leibliche Schwester unserer lieben Christrose in Tante Martjes Garten.

Mummelchen und Röschen

Mummelchen und Röschen.

Mummelchen und Röschen, zwei winzig kleine Nixchen, lebten in holdester Eintracht beieinander. Schon seit vielen Jahren lebten sie in einem großen rechteckigen Wasserbecken miteinander und nie war irgend ein Streit zwischen ihnen ausgebrochen. So etwas kannten die beiden nicht.

Das Wasserbecken lag in einem großen fürstlichen Park an einer Stelle, wo die Sonne am wärmsten schien, und die herrlichsten Blütensträucher standen darum herum und spiegelten ihre prachtvollen Blumen in dem immer klaren Wasserspiegel.

Mummelchen bewohnte eine gelbe Mummel, die der Fürst einmal durch seinen treuen Diener aus einem fernen See fischen und in das Wasserbecken setzen ließ.

Röschen wohnte in einer weißen Seerose. Sie hatte der Gärtner aus dem Dorfweiher mit heimgebracht, als er Rohrkolben schnitt, um einen Strauß für die edle Fürstin daraus zu binden.

Mummelchen trug wie die Blüte, in der sie wohnte, ein hellgelbes seidenes Kleidchen und ihre Strümpfchen und Schuhchen waren aus gelber Seide und ihr Käppchen war aus eitel Gold. Sie war so zart wie die blaue Wasserjungfer, die jeden Morgen mit der Sonne geflogen kam und sich auf dem spärlichen Schilf wiegte, welches da in der Ecke des

Wasserbeckens wuchs. Eigentlich wuchs es da unerlaubt, aber seit die Fürstin krank darniederlag, war es mit der Ordnung im Wasserbecken so eine Sache.

Röschen trug ein reinweißes Kleidchen mit gelbem Perlenbesatz. Ihr Strümpfchen war weiß und ihre kleinen zarten Füßchen steckten in goldenen Schuhen. Sie trug ein silbernes Käppchen und war so zart und schlank wie das zarteste Gewebe einer Kreuzspinne, das im Herbst in allen Hausecken und Winkeln zu finden ist.

Es war noch sehr früh am Morgen. Mummelchen saß auf dem Rand der gelben Mummel, sang ein liebliches Liedchen mit silbernem Stimmchen in den sonnigen Frühtag und kämmte sich mit einem goldenen Kämmchen das lang herabwallende rotblonde Haar.

Röschen schlief noch in ihrem festgeschlossenen Blütenbett. Sie stand immer erst eine Viertelstunde später auf, denn die Sonne mußte noch erst ein wenig herumkommen, um die Wasserrose mit ihren Strahlen wachzuküssen.

Als Mummelchen sich das schöne glänzende Haar gekämmt hatte, öffnete sich auch die Wasserrose und Röschen erwachte aus ihrem erquickenden Schlaf.

„Guten Morgen, Röschen," flüsterte mit silbernem Stimmchen Mummelchen.

„Guten Morgen, liebstes Mummelchen," flüsterte Röschen und knotete sich das hellblonde Haar. „Wie kühl und ruhig die Nacht war," sagte sie. „Komm, laß uns zu den Akazien eilen, sie haben süßen Honig in ihren Blüten und noch haftet frischer Tau zum Morgentrank an den Blättern."

Sie nahmen sich bei der Hand und flogen vergnügt davon. Lange noch hörte man ihr silbernes Lachen.

Als sie zurückgekehrt waren, nahmen sie ihre kleinen goldenen Harfen zur Hand, setzten sich auf den Rand eines riesengroßen Seerosenblattes und spielten und sangen dazu ein zweistimmiges Liedchen.

„Mummelchen," sagte Röschen und rückte näher an Mummelchen heran: „Sag mal, geliebte Schwester, was mag das mit dem großen braunen Weidenkorb für eine Bedeutung haben, den der Gärtner vor einigen Tagen in unseren See hinabließ?"

„Einen großen braunen Weidenkorb"? sagte Mummelchen und sah ganz erstaunt in das glatte Wasser hinab.

„Ja," sagte Röschen. „Es war so gegen fünf Uhr, da brachte der Gärtner einen großen braunen Weidenkorb, band einige Ziegelsteine daran fest und versenkte ihn da hinten in der Ecke in das Wasser. Ich schlief nicht mehr und lugte durch die kleine Spalte meiner Wohnung hindurch und habe alles genau gesehen.

Der Gärtner war nicht allein, es stand noch ein junger Bursche dabei. Zu diesem sagte der Gärtner: „Nun wollen wir mal sehen, ob die Seerose in diesem Becken wachsen wird. Der Fürst hat sie aus Indien von einem reichen indischen Fürsten geschenkt bekommen. Sie soll große karminrote Blüten tragen. Wenn's einigermaßen warm bleibt, hofft der Fürst, wird sie zur Blüte kommen."

Mummelchen wollte sich biegen vor Lachen. „Glaubst du, Röschen," sagte sie leis, „daß es karminrote Seerosen gibt? Ich kann mir das gar nicht denken."

„Ich auch nicht," meinte Röschen, aber wir wollen warten, was daraus wird. Und ob wohl auch ein Nixchen wie wir in der karminroten Blüte wohnt? Da bin ich neugierig."

Und sie wollten sich biegen vor Lachen und tanzten vor Übermut auf dem riesengroßen Seerosenblatt umher, daß ein großer blanker Wassertropfen über den Rand lief und zur Mitte kullerte wie ein Quecksilberkügelchen.

„Nein, Röschen, solche Geschichten glaube ich nicht." „Ich auch nicht," kicherte Röschen, und wieder tanzten sie vor Übermut, daß das riesengroße Seerosenblatt wackelte, und wieder lief ein großer Tropfen wie Quecksilber über die Oberfläche bis zur Mitte, wo es in einem Spalt des Blattes verschwand.

Die Sonne stieg höher und höher. Röschen stand schon zur selben Zeit auf wie Mummelchen und beide verlebten miteinander die herrlichsten Sonnentage.

Vierzehn Tage und Nächte mochten vergangen sein. Die Sonne brannte vom Himmel, da trieb Röschen die Neugierde schon früh aus den Blütenfedern, sie flog zur Ecke des Beckens, wo der Gärtner damals den Korb versenkt hatte, und starrte in die Tiefe.

Da – waren das nicht Seerosenblätter, die da wie zusammengerollte Waffeln langsam nach oben wuchsen? Wahrhaftig, es waren Blätter, dunkle, fast schwarze Blätter, und hinterher kam ein dicker Knoten, vorne spitz, an einem dicken Stiel langsam nach.

„Mummelchen," rief Röschen laut, „Mummelchen, komm geschwind, die Seerose wächst. Ich habe es dir ja gleich gesagt – umsonst versenkt der Gärtner den braunen Weidenkorb nicht so sorgfältig hier in diese Ecke."

Mummelchen flog aus den gelben Federn, stolperte über den Rand der Mummel und wäre fast ins Wasser gefallen, wenn nicht ein großes grünes Blatt sie aufgefangen hätte.

Klopfenden Herzens standen beide mit großen weit geöffneten Augen da und sahen erstaunt das langsam sich zur Wasseroberfläche schiebende

Wunder. Dunkelrote, fast schwarze Blätter – nein, wie ist so etwas nur möglich.

Und das Wunder wuchs heran und eines Morgens, als beide wieder an der Ecke des Wasserbeckens standen, lagen dunkelrote breite glänzende Blätter mit einem schönen hohen Sitzrand auf der Wasserfläche und die dicke spitze Kugel wuchs langsam nach.

„Sollen wir uns einmal auf den Rand dieses großen Blattes setzen," sagte Mummelchen.

„Nein," sagte Röschen – „weißt du denn, ob es dich trägt?"

„Laß uns warten und wenn die karminrote Blüte aufgeblüht ist, dann bitten wir das fremde Nixchen, ob wir es dürfen."

Wieder vergingen einige Tage. Da war die große spitze Kugel ordentlich dick geworden und als Mummelchen und Röschen eines Morgens aus tiefem Schlaf erwachten, da blühte in der Ecke des Wasserbeckens die große karminrote Wasserrose. Sie leuchtete weithin und sandte milden Duft in die Umgebung.

„Pst!" flüsterte Röschen. „Du Mummelchen, ich glaube, in der schönen karminroten Seerose wohnt auch ein Nixchen. Siehst du nicht, wie sich's in der Mitte bewegt?"

Und als sie so standen, festgebannt von dem Anblick der herrlichen Blume und neugierig über die

Bewohnerin, da stieg ein zartes herrliches Nixchen aus der roten Blüte.

Sie trug ein karminrotes wallendes Kleid aus schillernder Seide. Die Borde des Kleides war aus Gold gewirkt und silberne Sternchen glitzerten darauf in der Morgensonne. Ihre kleinen zarten Füßchen trugen violette Schuhchen, die mit blauen Bändern um die nackten braunen Beinchen gewickelt waren und auf dem Haupt trug sie ein purpurrotes zu einem Knoten zusammengeschnürtes Kopftuch. Dunkelrabenschwarzes Haar fiel über ihre Schultern. Sie saß mit verschränkten Beinchen in der Mitte ihrer Blüte und blies auf einem zarten Rohr aus Schilf ein gar wundersames Lied in den Morgen.

„Komm, Röschen," sagte Mummelchen, „komm, wir wollen ihr einen Besuch abstatten und sie willkommen heißen in unserem sonnigen Reich. Ob sie unsere Sprache wohl verstehen kann?"

Und sie flogen zur indischen Schwester hinüber, machten artig ihr Knixchen und spielten auf ihren Harfen ein heimatlich Liedchen. Es klang so silbern, daß das fremde Nixchen seine Flöte beiseite legte und andächtig lauschte. Dann wurde es traurig und in seinen Augen glänzten zwei dicke Tränen wie Karfunkelsteine.

„Warum bist du so traurig, liebe Schwester," fragte Mummelchen. „Hast du Heimweh nach deinen indischen Schwestern? Wie heißt du eigentlich?"

„Ich heiße Maja," sagte das fremde Nixchen.

„Sei nicht traurig, liebste Schwester," flüsterte Röschen voll Mitleid. „Sieh, hier bei uns in unserem Reich ist es auch schön, auch hier scheint die Sonne heiß und glühend vom Himmel herab.

Und wenn es kalt wird, holt dich der Gärtner in das warme Glashaus am Schloß. Da kannst du weiter deine Flöte spielen, während wir unter der kalten Eisdecke unseren Winterschlaf halten.

Komm, laß uns süßen Honig schlürfen aus Rosen und Lilien, die in dem Garten der Fürstin blühen und sei lustig mit uns."

Und sie tanzten alle drei einen lieblichen Tanz, daß das große dunkelrote Blatt auf dem Wasser hin und her schaukelte. Und als auch hier ein großer silberner Wassertropfen wie eine Quecksilberkugel über das blanke Blatt lief und in dem Spalt in der Mitte verschwand, flüsterte Mummelchen dem übermütigen Röschen ins Ohr: „Siehst du wohl, die indischen Seerosenblätter sind nicht anders wie unsere deutschen, nur daß sie dunkel sind und schön rot." Dann flogen alle drei gleich munteren Libellen in den Lilien- und Rosengarten der Fürstin und labten sich an dem köstlichen Honig.

Und als der Altweibersommer seine silbernen Spinnfäden spann, nahm Mummelchen und Röschen Abschied von Maja.

Maja zog in das schöne mollig warme Glashaus neben dem Schloß des Fürsten ein und wohnte dort mit den Elfchen der herrlichen bunten und duftenden Orchideen zusammen.

Mummelchen und Röschen aber stiegen, als es kalt wurde, in das Wasser hinab. Mummelchen hielt in der Knolle der Mummel und Röschen in der Knolle der Wasserrose ihren Winterschlaf.

Und als es wieder Sommer wurde, stiegen beide mit ihren Blüten nach oben ans Sonnenlicht. Auch Maja, die indische Schwester, kam wieder und so lebten die drei Nixen lange, lange Jahre in schönster Eintracht miteinander und hatten sich sehr lieb.

Grasnägelchen

Grasnägelchen.

Immer wenn der Johannistag gekommen war, feierten die Blumenelfen des kleinen Gartens ihr Sonnenfest. Da wurde musiziert und ein lustiger bunter Reigen getanzt, da gab es heitere Gesellschaftsspiele, und wenn es Abend wurde, setzte man sich unter einen alten betagten Schnellballstrauch zu Tische, um sich an süßen Dingen, welche die Bienen und Hummeln zusammengeschleppt hatten, zu laben. Glühwürmchen standen mit strahlenden Laternchen an den Wegen und in den Zweigen; sie flogen hin und her, um alles mit ihren Lichtern zu erhellen. So war es Brauch seit vielen, vielen Jahren und selbst die ältesten unter den Elfen kannten das nicht anders – am Johannistag war ihr Sonnenfest.

Heute war wieder Johannistag. Ein munteres Treiben herrschte unter den Blumen. Rote, blaue, gelbe und weiße Seidenröckchen wirbelten im Glanz der Sonne durcheinander und unter dem alten Schneeballstrauch gab es köstlichere Süßigkeiten als in all den anderen Jahren. Die Linden im alten Pastoratsgarten blühten und der Honig saß in dicken Tropfen wie silberne Perlen in den Blütenblättern. Den hatten die Bienen herangeschleppt den ganzen Tag von früh bis spät und nun funkelte er in den winzig kleinen Kristallgläschen und Schälchen auf den Tischen und Glühwürmchen saßen in Grashalmen und auf den Blättern und leuchteten mit ihren Laternchen, daß es so hell und strahlend wurde wie im Saale des Königs, wenn er mit seinem Hofstaat zu Tische sitzt.

„Wie seid ihr kleinen Grasnägelchen eigentlich hier in unseren Garten gekommen," sprach eine alte Mohnblumenelfe und zupfte würdevoll den schwarzen Kragen ihres leuchtend roten Seidenmantels zurecht.

„Ja, wie seid ihr hierher gekommen," meinte die Trollblumenelfe, die in einem gelben Röckchen neben der Mohnblumenelfe Platz genommen hatte. „Wohnten nicht eure Väter und Mütter am Meer auf grünem Warder und auf Poldern und Meerkohl und Salzkraut zusammen?"

„Meerkohl und Salzkraut," kicherten tausend Stimmchen durcheinander, und eine Glockenblumenelfe meinte spöttisch: „dann gibt's wohl gar Meerkohlelfen und Salzkrautelfen" und klatschte vor Übermut in ihre zarten Händchen.

„Spottet nicht, geliebte Schwestern," antwortete Rosalinde, so hieß das Elfchen, welches in dem Grasnägelchen wohnte. „Auch Meerkohlelfchen gibt's und Salzkrautelfchen, sie sind von so zierlicher Gestalt, wie ihr sie euch nicht denken könnt. Sie wohnen auf weiten, weiten, grünen Wiesen mit Möwen und Seeschwalben zusammen und sehen im großen weiten Meer die goldene Abendsonne rot wie Blut untertauchen. Sie stehen im gewaltigen

Sturm und tosender Wellenbrandung, sie laben sich an der leuchtenden Sonne und spiegeln sich in den klaren Fluten und einmal im Jahr fliegen sie bis ans Ende der Welt an jenen Ort, wo die Sonne blutrot in dem großen, großen Wasser untergeht und bringen ihrem Schöpfer Blumen dar und Dankgebete.

Und wenn sie dann heimkehren, hat der liebe Gott ihre Einsamkeit mit Wundern überschüttet. Wo einst grüne Wiesen lagen, leuchtet dann in purpurroter und rosiger Pracht das ganze Land so weit ihr blicken könnt, und in den Lüften duftet es von Honig und süßen Wohlgerüchen – Strandheideelfchen feiern nun ihr herrlichstes Fest, das große heilige Fest der Welteinsamkeit.

Dann färbt sich der Himmel tiefblau und smaragdgrün leuchtet das Meer, schneeweiße Wolken mit rosigen Segeln und blutroten Wimpeln ziehen von Ost gegen West und wie Feuergluten wogt das reifende Kornfeld auf den Höhen, angefacht von der Lohe leis ins Meer tauchender müder Sonne. Und dann wenn es Nacht geworden, blinken wie die Lichter eines riesengroßen Weihnachtsbaumes Millionen Sterne vom tiefschwarzen Himmel herab und Strandläufer pfeifen schwermütige Weisen und von der See her rauscht leis und silbern Wellenschlag auf Wellenschlag.

Ja, dort in jenen Einsamkeiten sind auch wir Elfen zu Hause. Doch nun will ich auch erzählen, wie wir in diesen Garten gekommen sind. Höret zu:

Es war einmal ein junger frischer Bursche. Er war des Arbeitens in seiner Werkstatt müde geworden, und da er wie kaum ein anderer die Natur und ihre Schönheit liebte, zog es ihn hinaus in die schöne Welt.

Wochen und Monate wanderte er durch Wälder und Wiesen, schloß Freundschaft mit allen Bäumen und Blumen und blieb bei ihnen Tag und Nacht. Die klare Quelle am Waldessaum gab ihm zu trinken, allerlei Sträucher reichten ihm Früchte und süße Beeren und die Vögel des Waldes sangen ihm schöne Lieder. Wollte er sich schlafen legen, so bereitete ihm das Moos des Waldes ein behagliches Lager oder die Kräuter und Gräser des Feldes nahmen ihn gastlich auf. Regnete es, so beschirmten ihn die Bäume und brannte die Sonne gar zu sehr vom Himmel herab, so gab ihm das Schilf am Weiher kühlen Unterstand.

So gelangte er eines Tages auch an das große gewaltige Meer. Soweit er blicken konnte, war nichts als Himmel und Wasser und zwischen den Steinen, die zu Tausenden am Strande aufgehäuft lagen, wuchsen Blumen und Kräuter gar wunderbar anzuschauen. Grüne Wiesen waren übersät mit rosigen Blumen soweit das Auge reichte, und zwischen den Blumen nisteten weiße, silberweiße Möwen. Ein Silbergeläut tönte unaufhaltsam durch die große Einsamkeit und wie aus fernen Welten klang der urewige Wellensang dem Jüngling ins Ohr.

Müde von der langen Wanderung in frühen Morgenstunden und ganz befangen von der Schönheit dieses weltabgewandten Erdenfleckens war er eingeschlafen, und als die Sonne am höchsten stand, erwachte er.

Da stand vor ihm ein schlankes Mägdelein, gar schön anzuschauen. Von ihrem Haupte wallte lichtblondes Haar, welches in der Sonne wie lange seidene Goldsträhnen leuchtete, und ihre blauen Augen blickten mild und fröhlich in den Tag. In der Hand trug sie einen dicken Strauß rosenroter Strandnägelchen. Ihr Gewand war aus bunter Seide gewirkt, und als der Jüngling sich aufgerichtet hatte, um ihr in Ehrfurcht den Gruß zu bieten, sah er, wie ein Kranz aus blauen Strandnägelchen ihren Scheitel schmückte.

Gott zum Gruß, lieber Fremder, sprach mit sanfter Stimme das schöne blonde Mägdelein, wie kommst du in meine Einsamkeit?

Gott grüße dich, du liebes Mägdelein, sprach der Jüngling und verneigte sich artig und in Demut vor dem lieblichen Wesen. Ich wanderte durch Gottes freie Welt und gelangte durch Wälder, über Täler und Höhen hierher in deine Einsamkeit.

Ist es dein Reich, welches ich hier betrat, so verzeih' mir's, aber sage mir, wie ich weiter wandern kann in jene Fernen dort, wo Wasser und Himmel sich vereinen.

Dorthin führt weder Weg noch Steg, nur in Gedanken kannst du dort hinüber wandern mit der Sonne und den Wolken, doch bleibe hier und sei mein Gast und ruhe dich aus vom langen Weg.

Und sie nahm den Jüngling bei der Hand und führte ihn in ihr kleines trautes Heim, welches hinter einer großen Landdüne lag zwischen wildem Hollunder, Stranddisteln und uraltem, vom Seewind zerzaustem Weidengebüsch.

Dann schmückte sie festlich den Tisch mit Strandnägelchen und Veilchen, schmückte das Zimmer und die Fenster mit leuchtend roten Blumen und bereitete ihm aus Früchten ihres Gartens und aus frischer süßer Milch das Mittagsmahl.

Tage und Wochen vergingen und sie wurden nicht müde, immer wieder die Schönheiten der herrlichen Natur zu bewundern. Sie wanderten durch Felder und Wiesen, wanden aus den Blumen, die am Wege standen, bunte Sträuße und flochten Kränze und allabendlich sank vor ihren Blicken die Sonne wie ein glühender Feuerball ins Meer.

Dann kam der Tag, wo der Jüngling Abschied nehmen mußte. Noch einmal schmückte das blonde Mägdelein die Mittagstafel mit bunten Blumen des Strandes und auf seinem Teller lagen zwei eng ineinander verschlungene Blüten der rosigen Grasnägelchen. Damit du die schönen Tage in meiner

Einsamkeit nicht vergißt, gebe ich dir diese beiden Blüten zum Andenken mit auf den Weg – sagte das Mägdelein.

Der Jüngling flocht dem blonden Mägdelein einen Kranz aus gelben Blüten des Mauerpfeffers ins Haar und nahm mit Kummer im Herzen Abschied.

Viele Monate waren inzwischen vergangen. Der Herbst war ins Land gezogen und der Jüngling gedachte mit großer Sehnsucht der schönen Tage in der Einsamkeit, er sehnte sich nach dem blonden Mägdelein und als eines Tages seine Sehnsucht so groß wurde, daß er heftig begann zu weinen, brachte ihm ein fremder Bote ein kleines Kästchen.

Voll Neugierde öffnete der Jüngling das Kästchen und fand darin einen dicken schweren Strauß rosenroter Grasnägelchen.

Du liebes blondes Mägdelein, rief der Jüngling vor Freude und schmückte sogleich seine Werkstatt mit den rosigen Blüten.

Ein Pflänzlein aber mit kleinen feinen Würzelchen war dazwischen, das trug er sorgsam in seinen Garten und pflanzte es an einen geschützten sonnigen Ort.

Da wuchs es gar prächtig heran und wurde groß und stark.

Und als es kräftig geworden war, schnitt er es sorgsam in mehrere Teile, wie es die Gärtner machen. Auch diese wurden groß und blühten so schön, daß es eine Freude war.

Viele, viele Jahre vergingen, und aus dem einen kleinen Pflänzlein waren viele Hunderte geworden. Die standen jetzt zu beiden Seiten des Weges und blühten, daß es eine Pracht war; sie blühen noch heute, wie ihr seht und in ihren Blüten wohnen wir Elfchen."

„Siehst du, Glockenblumenelfe," sagte Rosalinde, „so sind wir hier in den Garten gekommen."

„Der Jüngling von damals ist schon lange, lange tot. Bis an sein Lebensende hat er das schöne blonde Mägdelein aus der Einsamkeit lieb gehabt und noch heute soll auf dem Boden im Hause unserer lieben Frau Großmutter, die unsere Grasnägelchen so lieb und sorgsam pflegte, ein alter gläserner Briefbeschwerer liegen, in den die beiden Grasnägelchenblüten, welche das blonde Mägdelein dem Jüngling zum Abschied auf den Teller gelegt hatte, eingepreßt sind."

„Das glaube ich nicht," sagte die alte Mohnblumenelfe mit dem rotseidenen Kleide und dem schwarzen Kragen, und die anderen Elfchen kicherten und meinten, das sei gewiß ein Märchen.

„Überzeugt euch einmal morgen selbst," sagte Rosalinde. „Ich glaube es bestimmt, denn was die alte Trine sagt, die Waschfrau, das hat seine Richtigkeit."

„Wir wollen nicht voreilig urteilen," meinte das Trollblumenelfchen. „Morgen Nachmittag, wenn

Großmütterchen schläft, wollen wir zum Boden fliegen und den Briefbeschwerer suchen."

„Eigenartig ist ja die Geschichte," sagte eine Bauernrosenelfe ernst; „aber ich kann mir nicht denken, daß es Menschen gibt, die sich so lieb haben, daß sie winzige kleine Blumen, die sie sich schenken, in einen gläsernen Briefbeschwerer kleben, um sie zu schonen und doch dauernd benutzen zu können."

„Ich kann's mir auch nicht vorstellen," sagte die Nelkenelfe und besprengte sich den Busen mit wohlriechendem Wasser.

Und es wurde Nacht. Die Glühwürmchen gähnten schon. Eins nach dem andern ließ seine Lampe ausgehen, denn das Öl war zu Ende gebrannt.

Das Sonnenfest war vorüber und die Elfchen gingen in ihre Bettchen.

Viele von ihnen konnten aber nicht schlafen. Die Geschichte war doch zu seltsam. „Die Liebe ist doch ein gar zu eigen Ding. Und darum sollen die Grasnägelchen in unseren Garten gekommen sein? Nein? Und mit dem Briefbeschwerer? Das müssen wir erst mit eigenen Augen sehen."

Und der Nachmittag kam.

Rot, blau, gelb und weiß wirbelte es durch den Sonnen-Nachmittag zum Dachfenster des alten Hauses. Großmutter schlief.

Das war ein Kramen in Kisten und Kasten, unter Büchern zwischen Akten und den Schränken.

„Ich hab's," rief da ein Stimmchen. Und richtig!

Trollblumenelfe hatte ihn gefunden, – den Briefbeschwerer. In der alten Kiste mit den Instrumenten hatte er gelegen.

So war er genau, wie Rosalinde ihn beschrieben. Dick und rund und hinter dem schwarzen Papier lagen die verschlungenen Grasnägelchen fest angeklebt.

Doch ihre Blüten waren verblaßt und von kleinen unsichtbaren Milben zernagt zu kleinen, kleinen winzigen Stäubchen.

„Oh," sagte ganz wehleidig die Bauernrosenelfe: „Wenn nur wir nicht mit unseren Blüten in einen solchen Briefbeschwerer eingeklemmt werden."

Da lachte die Nelkenelfe und spritzte aus dem Riechfläschchen ein paar dicke Tropfen auf den alten Bodenrummel. „Du liebe Bauernrosenelfe wirst wohl nie in die Verlegenheit kommen, deine Blume ist ja viel zu dick zum pressen."

Rosalinde standen ein paar helle Tränen in den Augen. Sie weinte, als sie wieder unten im Garten waren. „Wenn der liebe alte Herr doch noch lebte! Wie würde ich ihn küssen für all seine Liebe, wie würde ich blühen zu seiner Freude. Aber dem Gärtner werde ich sagen, daß er sein Grab mit unseren Grasnägelchen bepflanzt, damit seine Seele sich freut mit der Seele des schönes blonden Mägdeleins zusammen. Und der Briefbeschwerer?! Warum mußten diese garstigen Milben die beiden Grasnägelchen auch so zerfressen."

Papa Stachelbart

Papa Stachelbart.

Vor den Fenstern eines kleinen stillen Hauses am Wallgraben sonnte sich an jedem Vormittag von acht Uhr etwa bis gegen Mittag ein alter behäbiger Kaktus.

Er war lang und kantig aufgewachsen, hatte eine lederne glänzende Haut und, was das drolligste war, aus seiner blanken Lederhaut wuchsen lange braune Stacheln, die spitz und scharf in dichten Bündeln den walzenrunden alten Herrn umgaben. Viele dieser Stacheln waren abgebrochen.

Die anderen Blumen, die mit ihm die Fensterbank teilten, ein alter hagerer Gummibaum mit langen herabhängenden Ohren, eine zierliche vornehme Glockenblume mit hellblauen Augen, eine gemütliche Zimmerlinde und zwei eingebildete Geranien, welche ihre englische Abstammung immer sehr stolz nach außen kehrten, nannten den alten Kaktus dieser spitzen Stacheln wegen den Papa Stachelbart.

Mit ihm, dem alten Herrn, war allermeist gut auszukommen, aber er hatte auch seine Nücken. Wenn es mit der Neckerei zu viel wurde, stach und hieb er mit seinen spitzen Stacheln wütend um sich und manch zartes kleines Blümlein mußte seinen Übermut mit dem Leben bezahlen.

Auch Herr Gummibaum hatte manchen Strauß mit ihm ausgefochten, das sah man ihm an, denn schon seit einer Reihe von Jahren trug er eine Anzahl tiefer Narben auf seinen langen Ohrlappen. Diese Narben mußten sehr schmerzhaft sein, denn immer wenn das Barometer von „Beständig" auf „Veränderlich" fiel, wackelte und zitterte er mit seinen Ohrlappen. Viel, viel dickes weißes Blut war derzeit geflossen, erzählte die Zimmerlinde, doch nun waren die Wunden vernarbt und der Streit zwischen beiden war beigelegt. Papa Stachelbart und sein Nachbar waren gute innige Freunde geworden, denn so war Stachelbart schließlich auch nicht, er konnte den Streit vergessen als rechtschaffener alter Herr mit Lebenserfahrung, und so ein bisschen schlau mußte man denn doch auch sein – was wollte er machen, wenn sich Herr Gummibaum immer gerade so hinstellte, daß ihm das Sonnenlicht entzogen wurde. Gummibaums Ohren waren auch gar zu lang und breit – das war ja das Leiden und Papa Stachelbart liebte die Sonne nun einmal sehr.

Und wie das so ist, wenn zwei Pflanzenseelen ein inniges Freundschaftsbündnis gründen, – die beiden Freunde erzählten sich gern die tiefsten Geheimnisse ihres Pflanzenseelenlebens, und so kam es, daß Vater Stachelbart seine Lebensgeschichte zum Besten gab.

„Mein lieber alter guter Gummibaum," flüsterte er mit piepsiger Stimme und schrabte mit seinen Stacheln gegen den blauen mit roten und weißen

Blumen bemalten Rollvorhang – „was so ein alter Kaktus wie ich im Leben alles durchzumachen hat.

Ich war noch ein winzig kleines Baby, so klein wie ein Stiefelknopf, aber feine Stacheln, so dünn wie die Haare eines Bärenräupchens trug ich damals schon, da setzte mein Pflegevater mich mit vielen anderen Babys in einen kleinen Glaskasten hinter die Spiegelscheibe eines Verkaufsladens, um uns – denke dir, zu verkaufen.

Das wäre ja nicht weiter schlimm gewesen, lieber Freund Gummibaum, aber denke dir unseren Schreck, er setzte uns mit unseren Henkeltöpfchen dahinein – mit unseren Henkeltöpfchen, lieber Freund!

So saßen wir viele, viele Wochen, und die Menschen, die vorbeikamen, lachten über uns und zeigten mit den Fingern auf uns. O, es war schrecklich, und heute noch schäme ich mich meiner frühesten Jugendzeit.

Da – es war so um Ostern herum, da trat ein großer Mensch in den Laden, zeigte mit dem Finger auf mich, lachte und legte ein Geldstück auf den Tisch. Ich wurde darauf eingewickelt und mußte von meinen kleinen Babyfreunden Abschied nehmen. Ich schrie wie ein Baby schreien kann, aber was half's, der große Mensch nahm mich mit in seine Wohnung und setzte mich auf eine Fensterbank zu vielen anderen großen Blumen.

Da stand ich kleiner Kerl nun zwischen all den großen roten Töpfen, wurde von einer Ecke in die andere geschubst, wanderte von Hand zu Hand und jeder Mensch machte sich über mich lustig. Sogar die großen Blumen auf der Fensterbank verlachten mich und versuchten mich von der Fensterbank zu stoßen; aber sie fürchteten meine Stacheln schon damals, obwohl sie noch dünn und weich waren, uns so kam es, daß ich stehen blieb und dank der lieben Sonne, welche Mitleid mit mir hatte, größer und größer wurde.

Schließlich wurde auch das Henkeltöpfchen zu klein für mich und man setzte mich in einen größeren Topf, der auch rot war.

Viele Sommer hatte ich wohl an ein und demselben Fenster gestanden, war groß und dick geworden, und meine Stacheln waren schon fest und sehr scharf, da bekam meine Pflegemutter Besuch.

Tante Mine war gekommen und ich hörte, daß sie eine große Liebhaberin von Blumen sei. Das sollte ich selbst bald erfahren. Tante Mine kam fast jeden Morgen an mein Fenster, gab den anderen Blumen und mir zu trinken und pflegte uns mit solcher Liebe, daß wir sehr traurig wurden, als wir hörten, sie würde nun bald wieder fortreisen in ihre kleine Stadt.

Ach, betete ich jeden Abend zum lieben Gott, wenn mich doch Tante Mine mitnehmen würde. Bei ihr würde ich es sicherlich sehr gut haben, auf ihrem Fensterbrett würde ich gewiß noch viel größer und dicker werden. Ach, würde sie mich doch mitnehmen. Blühen wollte ich so schön wie keine andere ihrer vielen Blumen, von denen sie immer erzählte, und auch hübsch bescheiden wollte ich sein und nicht anspruchsvoll in meinen Wünschen, denn ich hatte gelernt, mit Wenigem mich zufrieden zu geben.

Nun denke dir, lieber Gummibaum, meine Freude! Eines Morgens, es war finster, die Hähne krähten überall in der Nachbarschaft, da kam meine Pflegemutter mit Tante Mine in die Stube und trat an unsere Fensterbank. Ja, denke dir, lieber guter Gummibaum, Tante Mine nahm mich stacheligen garstigen Kaktus von der Fensterbank, wickelte mich in ein bedrucktes Papier und packte mich in ihren Reisekoffer.

Ich hätte laut aufjauchzen können vor Freude, aber ich dachte bei mir: wenn du lange Lärm machst, packt sie dich am Ende wieder aus und mit meiner Reise in Tante Mines kleines Stübchen wär's vorbei gewesen.

So schwieg ich still und ließ mit mir alles geschehen.

Damals, lieber Gummibaum, ja damals in der Reisetasche verlor ich meine ersten schönen scharfen Stacheln.

Doch ich klagte nicht und weinte nicht über ihren Verlust, obgleich ein Kaktus immer stolz darauf ist, alle seine Stacheln hübsch unversehrt beieinander zu haben, denn ich stand noch am Mittag desselbigen

Tages am Fenster einer schönen großen Stube und blickte in einen großen Garten mit vielen, vielen Bäumen und herrlichen bunten Blumen darin. Ein großer Wallnußbaum, der auf dem Hofe stand, spendete kühlen Schatten.

Ich danke diesem lieben Wallnußbaum manch kühle Stunde, denn oftmals brannte die Sonne sehr, sehr heiß durch die Fensterscheiben auf meinen Platz.

Tante Mine pflegte mich von nun ab mit rührender Liebe. Wenn es heiß war, überbrauste sie mich mit kühlem Wasser und wenn ich durstig war, gab sie mir zu trinken.

Und jeden Tag drehte sie mich, so daß ich von allem Seiten Licht bekam."

„Sie drehte dich, lieber Vater Stachelbart," meinte der Gummibaum etwas lächelnd.

„Ja, mein Lieber," sprach Vater Stachelbart, „jeden Tag drehte sie mich etwas herum. Weißt du denn nicht, daß unsereins gedreht werden muß, damit er nicht einen krummen Rücken bekommt?

Ach ja, du siehst mich an, lieber Gummibaum, heute habe ich einen krummen Rücken, leider, leider, lieber Freund. Aber Tante Mine ist nicht daran schuld. Den habe ich später bekommen, als mich Tante Tille in Pflege bekam.

Ja, ja, seufzte der alte Vater Stachelbart, das waren schwere Zeiten für mich. Doch höre weiter zu.

Ich wuchs bei der liebevollen Pflege durch Tante Mine prächtig heran und schmückte mich alle Jahre zu ihrem Namenstag mit vielen schönen weißen Blüten."

„Mit vielen weißen Blüten," dachte der alte Gummibaum bei sich und sah Vater Stachelbart etwas ungläubig von der Seite an.

„Zwanzig Jahre pflegte mich Tante Mine, gab mir frische Erde und neue sauber gewaschene rote Töpfe, und als ich einmal wieder zu ihrem Geburtstag blühte, zwölf Blüten trug ich damals, ich weiß es noch heute, da setzte sie mich in einen blanken weißen Porzellantopf mit goldenem Rand und schönen goldenen Löwenköpfen an den Seiten. Dann wurde ich mitten auf den Geburtstagstisch gestellt und viele viele Menschen kamen und staunten mich an.

„Du kannst dir meinen Stolz denken, lieber Gummibaum," sagte der Kaktus. Dann wurde er merkwürdig still und Gummibaum glaubte in den Augen des alten Vater Stachelbart ein paar silberne Tränen gesehen zu haben.

„Ja, mein Guter," fuhr Stachelbart fort, „und dieser Geburtstag war der letzte der guten Tante Mine. Einige Wochen darauf wurde sie krank und starb. Sie starb," seufzte Stachelbart und hielt einen Augenblick mit seiner Erzählung inne.

„Da waren die schönsten Tage meines Lebens dahin. Tante Tille, die Tochter von Tante Mine, zog in unser Haus ein. Eine Zeitlang pflegte sie mich noch, dann aber kamen Wochen, wo ich dursten mußte in greller Sonne. Kein feiner Brauseregen netzte mehr meine vor Trockenheit weiß gewordene Haut, ich wurde gestoßen und geschubst, und als mich Tante Tille eines Morgens wieder ganz schändlich beiseite stoßen wollte, wurde ich ärgerlich und stach sie mit meinen Stacheln ganz tief in den Unterarm.

Wütend stieß sie mich beiseite, aber ich wehrte mich, so gut ich konnte, und als ich ihr den anderen Arm zerstach, rief sie dem Küchenmädchen zu: Anna, stellen Sie diesen nichtswürdigen Kaktus auf den Hof in die Ecke, ich will mich an ihm nicht mehr ärgern.

Liebe, liebe Tante Mine, o hättest du das erlebt!

Damals verlor ich diese Stacheln hier an der Seite" – und Stachelbart zeigte mit Wehmut auf seine Wunden.

„So stand ich nun in der Hofecke mit Hühnermiere und Knöterich, mit alten Töpfen und zerbrochenen Lampenzylindern zusammen und fristete ein kümmerliches Dasein.

Kein Sonnenstrahl gelangte in meine Ecke. Kröten stachen sich an meinen Stacheln die Nasen entzwei, Schnecken wandten sich von mir ab und selbst die Schmetterlinge, die am Knöterich saßen, flogen mir aus dem Weg. Fiffi, der naseweise Mops, Tante

Tilles Liebling, beschnüffelte mich, beschmutzte meine Haut in ganz abscheulicher, nicht wiederzugebender Weise und bellte mich mit seiner fetten Stimme jeden Morgen an. Einmal habe ich ihm mit meinen Stacheln eins auf die Nase gegeben vor lauter Wut über diese nichtswürdige Behandlung und seitdem geht er an mir mit schiefem Seitenblick vorüber. – Ja, lieber Gummibaum, es war ein Leben in Schande und Schmach.

Als dann der Herbst kam, begann mich innerlich zu frieren. Kalter Regen tropfte aus einer alten rostigen Dachrinne auf mein Haupt und hätte sich nicht eine Spinne meiner erbarmt – ich wäre wohl längst nicht mehr unter euch lebenden Blumen.

Diese Spinne webte ein ganz feines aber festes Gewebe um meine Stacheln und so kam es, daß der Regen meine Haut nicht mehr benetzen konnte. Auch die Kälte war nicht mehr so empfindlich für mich durch dieses feine Gewebe meiner Lebensretterin."

„War die kleine Spinne deine Lebensretterin," fragte der Gummibaum.

„Ja, Vater Gummibaum," antwortete der alte Stachelbart, „das war sie. Ihr verdanke ich es, daß ich die ersten kalten Nächte ohne Schaden für meine Gesundheit überstanden habe. Wäre es kühler geworden, hätten die Nachtfröste heftiger eingesetzt, so wäre ich jämmerlich zugrunde gegangen.

Aber es kam ein Retter in der Not. Eines Tages bekam Tante Tille Besuch von einem jungen Menschen. Es war ihr Neffe, unser jetziger Pflegevater, mein lieber Gummibaum.

Als er mich sah, meinte er, es sei doch schade um mich und hob mich auf. Er hielt bei Tante Tille um mich an und, denke dir, lieber Nachbar, er hat mich mitgenommen trotz meines bejammernswerten Aussehens. Die Schönheit meiner Stacheln war dahin, tiefe Runzeln waren in meiner Haut eingegraben und mein Rücken war krumm wie der eines Kamels.

So stehe ich nun schon achtzehn Jahre hier an diesem Fenster und als du kamst, lieber Gummibaum, da hatte ich mich so einigermaßen wenigstens von meinem Leiden erholt.

Krumm bin ich ja immer noch ein wenig, aber wenn man so alt geworden ist, trägt man schließlich den krummen Rücken in Ehren. Viele schöne Stacheln sind mir wieder gewachsen und das ist doch das Beste, was ich besitze.

Einen Stolz muss ja ein so alter Geselle wie ich doch haben.

Geblüht habe ich auch schon einmal wieder, kurz bevor du hier eingezogen bist. Das war das einzige Mal in den achtzehn Jahren.

Aber ich fühle dennoch die Kraft in mir, mich wieder einmal mit schönen weißen Blüten zu schmücken. Das muß aber ein besonderer Festtag werden."

Aber es wurde kein Festtag mehr, an dem unser Papa Stachelbart noch einmal blühen konnte.

Wenige Wochen nach seiner Erzählung starb der Pflegevater der Fensterblumen des kleinen stillen Hauses am Wallgraben.

Papa Stachelbart stand an diesem Tage in schönster Blütenpracht. Er blühte so weiß und schön, wie er nie zuvor geblüht hatte, und seinen seidenweißen Kelchen entströmte ein Duft nach Balsam und Vanille, daß die Luft des kleinen Zimmerchens davon über und über erfüllt war.

Stumm standen die übrigen Blumen am Fenster und wagten kein Wort zu sagen. Nur eine meinte, und das war die Geranie, die ihre englische Abstammung immer so gerne nach außen kehrte: „Ich hätte gar nicht gedacht, daß so ein alter Griesgram noch so schön sein kann," und sie wandte sich zur Seite und sprach kein Wort mehr.

Der alte Papa Stachelbart aber soll nie wieder geblüht haben und doch ist er weit über hundert Jahre alt geworden.

Frau Sonnenblume

Frau Sonnenblume.

Und wieder wurde es Herbst draußen vor den Toren. Die Bäume der Großstadtstraße hatten längst das kahlgelbe schmutzig bestaubte Laub fallen lassen und Straßenkehrer waren gekommen, es zusammenzufegen. Dann war ein großer Müllkasten dahergerummelt gekommen, hatte das Laub in seinen schmutzigen Bauch aufgesammelt und hatte es in einen kleinen Garten, von dem so viele vor der Stadt liegen, wieder von sich gegeben.

Nun trugen auch die Bäume draußen vor den Toren gelbe Blätter und als ein paar kalte Herbstnächte mit Frost und Reif die grünen Weiden weiß überzogen, da fielen auch die gelben Blätter von den Bäumen, eines nach dem anderen, wie goldene dicke Federn und küselten zwischen den Hecken und auf den Wegen hintereinander her – das war ein lustiges Spiel.

„Warum bist du so traurig," sprach die Zaunwinde zur Sonnenblume.

„Muß ich nicht traurig sein, geliebte kleine Zaunwinde, über mein Los," antwortete Frau Sonnenblume. „Viele Monate stillen Glücks haben wir miteinander verbracht hier in diesem kleinen traulichen Garten. Die Sonne war unser täglicher Gast, mit Wind und Sturm haben wir um die Wette getanzt, viele liebe bunte Blümlein haben zu unseren Füßen geblüht, Vöglein sangen uns in den Schlaf und sangen uns wach und die Sterne des Himmels und der Mond leuchteten über uns in dunkler Nacht und nun, ja nun ist alles vorbei. Meine Tage sind gezählt, liebe Zaunwinde, mein kurzes schönes Leben ist vorbei und nie mehr werde ich auf dieser schönen Erde blühen können wie du."

„Frau Sonnenblume," sagte Zaunwinde, „weißt du denn nicht, daß du im nächsten Frühling wieder erwachst aus deinem Winterschlaf? Erwachen wir Blumen nicht alle wieder und freuen wir uns nicht alle Jahre aufs neue der Sonne, des Sturmes, der Vöglein und der Sterne?"

„Sieh mich an, liebe Sonnenblume. Zwölf Jahre wachse ich hier in meiner lieben Weißdornhecke, zwölf Jahre strecke ich meine schneeweißen Trichterblüten durch die grünen Blätter und halte sie der Sonne entgegen, damit sie Licht und warme Strahlen auffangen, damit Schmetterlinge und Hummeln zu mir kommen, um Honig aus meinen Blüten zu sammeln.

Wohl reißt einmal ein böser Knabe meine zarten grünen Ranken aus der Hecke, wohl gräbt einmal ein böser Mensch mit einem scharfen Spaten nach meinen Wurzeln, um mich ganz zu töten, aber ich liebe das schöne Leben und wachse um so schneller wieder der lieben, lieben Sonne entgegen.

Und immer, wenn der Herbst kommt und das Laub von den Bäumen schüttelt, und immer, wenn ein

Nachfrost meine Blätter so goldig färbt wie schöner alter Bernstein, bin ich glücklich und freue mich, daß ich schlafen kann, denn in dem Laubbett, welches mir die liebe grüne Hecke nun bald wieder bereiten wird, ist es warm und mollig und da schlafe ich, bis die liebe Frühlingssonne mich weckt.

Auch du wirst wach werden, wenn die Lerchen trillern, liebe Frau Sonnenblume, und wenn es Sommer wird, werden wir wieder miteinander plaudern von Glück und Sonne. Dann werden die Hummeln wieder zu dir kommen und dich um goldigen Blütenstaub für ihre Kinderchen bitten und du wirst ihnen schenken davon, soviel du hast. Dann tanzen wir mit Wind und Sturm um die Wette und lauschen den frohen Kinderchen, die mit Vater und Mutter im Garten arbeiten und zur Arbeit fröhliche Lieder singen. Und auch die vielen schönen Blumen werden wieder kommen, die heute schon ins warme Winterbett geschlüpft sind.

Freue dich, meine liebe Frau Sonnenblume, sieh nicht so traurig drein, der Tod, den du fürchtest, ist kein ewiger Tod, er ist nur ein langer, langer Schlaf, aus dem du wie eine Königin so stolz und schön erwachen wirst."

Mutter Sonnenblume aber ließ das von einem goldgelben Flammendiadem umwundene Haupt traurig zur Erde hängen. Aus ihren Augen tropften dicke schwere Tränen auf den grauen Gartenboden und eine Weinbergschnecke, die müde des Weges dahergeschlichen kam, sog ihre Tränen auf und sagte: „Süße Tränen weinst du in den kühlen Herbstmorgen, gute alte liebe Frau Sonnenblume; ja, das Scheiden aus dieser schönen Welt ist schwer, auch ich gehe nun zur Ruhe, denn was soll für mich ein Leben ohne süße Kräuter und Salat. Im Frühling sehen wir uns wieder, liebe Frau Sonnenblume," und sie schlich vorüber, müde und matt und weinte so viele, viele Tränen, daß der Weg, den sie geschlichen, damit über und über bedecket ward.

Es waren Tränen, die schillerten wie Silber und Perlmutt so herrlich, Tränen wie sie nur eine Weinbergschnecke weinen kann.

„Ja, wenn ich Tränen weinen könnte wie die Weinbergschnecke um süße Kräuter und Salat," schluchzte Frau Sonnenblume. „Auch ich würde mit dir fröhlich sein, liebe Zaunwinde.

Allein, ich habe nur das kurze Leben eines einzigen Sommers und eines Herbstes. Wenn der zu Ende geht, muss auch ich scheiden. Nichts anderes bleibt von mir als meine Kinder, die an meinem Herzen ruhen, liebe herzige Kinderchen, die ich nun bald allein lassen muss.

Ach könnte ich das Mutterglück erleben, sie wachsen und groß werden zu sehen. Ach könnte ich mit ihnen fröhlich sein wie du, liebe Zaunwinde mit deinen lieben Kinderchen."

Wieder schluchzte die liebe alte Frau Sonnenblume laut auf und aus ihrem Flammendiadem fielen goldgelbe Strahlen auf die nasse Erde nieder.

Dann kamen graue Nebeltage, Regen und Wind zerzausten das Flammendiadem auf Frau Sonnenroses Haupt und als sie eines Morgens erwachte, stand sie ohne die goldenen Strahlen im Garten, ihren stolzen Stamm vornüberneigend und ihr Angesicht traurig zur Erde niederbeugend.

„Meine armen kleinen Kinderchen," jammerte sie, „wer schützt euch vor Frost und vor den bösen raubgierigen Meisen. Bald werden sie euch entdeckt haben und dann hämmern sie mit ihren spitzen Dolchschnäbeln auf euch ein, reißen euch aus meinem Herzen und fliegen mit euch fort, weit fort, um euch alsdann zu verspeisen.

Ach käme doch einer der lieben Menschen in den Garten und brächte euch in die warme Stube, damit ihr nicht frieren müsst oder gar verspeist werdet."

Und Frau Sonnenblume betete jeden Abend voll Inbrunst zum lieben Gott, daß er ihre Kinderchen beschützen möge und der liebe Gott hatte Mitleid mit der armen sterbenskranken Mutter und erhörte ihr heiß Gebet.

Das war an einem stürmischen Sonntagmorgen. Die kleinen Johannisbeerbüsche zitterten vor Kälte und jammerten laut, wenn der böse Windstoß durch ihre schlafenden Knospen pfiff. Feuchtes morsches

Laub flüchtete raschelnd unter die Hecke, kroch unter das Gartenlaubendach und versteckte sich zwischen ängstlich zusammengekauerte Erdbeerpflanzen – es war eine tolle Jagd, die der Sturmwind mit den Blüten trieb. Es heulten die kahlen Bäume aus dem nahen Park herüber und wie große gespenstergleiche Tücher fegten die schwarzen Wolken am grauen Himmel dahin.

„Hui," heulte der Sturm, „hui, Frau Sonnenblume, willst du noch nicht schlafen gehen? Hui," heulte er wieder, „was stehst du noch hier, Frau Sonnenrose? Sieh, alles ist zur Ruhe gegangen, nur du trotzt noch dem Tode, nur du trotzt noch meinem Zorn."

„Hui," gellte es wieder vom nahen Park herüber und der böse, böse Sturm warf Frau Sonnenrose auf die kalte, feuchte Erde, peitschte sie hin und her und trieb ihr die nasse Erde ins Gesicht, daß all ihre Kinderchen, die nackt und bloß an ihrem Herzen lagen, schmutzig wurden und naß wie die Blätter unter der Hecke.

„Pfui," rief Frau Sonnenrose laut, „pfui, du garstiger böser Sturmwind, schäme dich doch und schone meine lieben kleinen Kinderchen. Siehst du denn nicht, wie nackend und bloß sie sind und wie sie zittern vor Kälte vor deinem eisigen rauhen Atem. Schone sie doch, wenn du mich schon zu Tode peitschen willst, ich bitte dich, Sturmwind, hab Erbarmen mit ihnen."

Aber der Sturmwind lachte lauter auf, „hui, huiii", pfiff er ums Gartenhaus herum, daß die Dachpfannen polterten und die alte eiserne Rinne vor Entsetzen klapperte. Blätter und dürres Laub küselten in wilder Jagd durch den Garten und die fahlen morschen Blätter krochen tiefer unter die schützende Hecke.

„Arme, liebe, alte Sonnenblume," dachte ein kleines Käuzchen, welches sich verschüchtert und ängstlich unter den Dachvorsprung des kleinen Gartenhäuschens geflüchtet hatte, um Schutz vor dem bösen Sturmwind zu suchen, „ach könnte ich dir in deinem Schmerz helfen."

„Wüßte ich nur, wo die lieben Kinder wohnen, denen dieses einsame Gärtchen gehört, ich würde zu ihnen fliegen und sie bitten, daß sie deine kleinen nackten Kinderchen in das warme Zimmerchen holen. Wüßte ich den Weg, wüßte ich das Haus, wüßte ich das Stübchen nur – ich flöge sofort dahin."

„Pfui, du garstiger Sturmwind, schäme dich doch und hab Erbarmen."

„Ha-ha-ha-ha," lachte der Sturmwind und „hui" blies er durch die Dachpfannen, daß dem kleinen Käuzchen ganz bange wurde und es kroch tiefer unter das Dach und schloß die großen Augen, denn es konnte den Herzensjammer von Frau Sonnenblume nicht länger mit ansehen.

Und als es Abend wurde, kam eine Fledermaus zum Käuzchen. „Der liebe Gott hat mich gesandt, dir den Weg zum kleinen Stübchen zu zeigen, darin die Kinder schlafen. Komm, laß uns eilen."

Und Fledermaus und Käuzchen machten sich auf den Weg und flogen durch den schwarzen Abend zum Stübchen der lieben kleinen Kinder. Käuzchen setzte sich an das Fenster und rief: „Komm mit, komm mit; Frau Sonnenblume liegt in eurem Garten und bittet um ein geschütztes Plätzchen für ihre armen kleinen frierenden Kinderchen. Komm mit, komm mit."

„Liebes Käuzchen," sprachen da die Kinderlein, „jetzt müssen wir schlafen gehen, denn der Tag ist zu Ende und die Nacht ist dunkel und der böse Sturmwind bläst uns die Laterne aus, daß wir nicht wieder heimfinden können. Aber morgen früh wollen wir in den Garten kommen und Frau Sonnenblumes Kinderchen in das warme Stübchen tragen, damit sie nicht frieren und eines elenden Todes sterben.

Fliege heim und sage der lieben Frau Sonnenblume unseren Gruß."

Und Käuzchen flog, so schnell es konnte, zu Frau Sonnenblume zurück und meldete, wie die Kinderlein ihm befohlen.

Da freute sich die liebe gute Mutter, deckte ihre Kinderchen fest, fest zu und fiel in einen tiefen Schlaf. Sie träumte von schönen herrlichen Sonnenblumen im kleinen Garten, von Faltern und Hummeln, von Sonnenschein und bunten Blumen, und wie der Sturmwind auch heulte und pfiff, sie schlief so fest und ruhig, denn sie wußte ja, morgen würden ihre Kinderchen ins schützende warme Obdach gebracht. Und als sie am Morgen erwachte, da kamen drei kleine Kindlein in den Garten gesprungen, nahmen der alten Frau Sonnenblume die Kinderchen ab und trugen sie ins warme Stübchen, in dem sie schliefen und pflegten sie mit Liebe und vieler Freude.

Frau Sonnenblume aber nahm Abschied von den Sträuchern und Bäumen des kleinen Gartens, sie starb und ihre Blätter wurden gelb und fahl wie das Laub unter der schützenden Hecke.

Viele, viele Monate waren vergangen, viel weißer Schnee war gefallen und hatte die Felder und Gärten, die Hecken und Bäume in glänzend weiße Pelze warm eingehüllt.

Pfählchen und Gitterchen trugen weiße Pudelmützen und auf den Seen und Bächen lag spiegelblankes Eis. Warm und sorgenlos schliefen Frau Sonnenblumens Kinderchen im Stübchen der lieben kleinen Kindlein.

Und als der Frühling ins Land gezogen kam, als Buchfink und Star ihre Willkommenlieder sangen, als die schlummernden Knospen schwellten und die Bäume frische grüne Blätter in die Frühlingssonne reckten, als die Pfirsiche, Birnen und Äpfel weiß und rosenrote Kleider anzogen und alles, was Kraut und Pflanze hieß, vor wonniger Freude aus der warmen Gartendecke lustig mit grünen Trieben und Blättern sproß, da legten die Kindlein Frau Sonnenblumens Kinderchen in die duftende, vom Frühlingsregen warm und locker gewordene Gartenerde.

Da wurden sie wach die schlafenden Kinderchen, zierliche Ärmchen hoben sie empor. Die wuchsen größer und größer und wurden kräftig, reckten sich und streckten sich und breite grüne Blätter entfalteten sich und sogen die Sonnenstrahlen in sich auf, damit sie durch all die feinen und dicken Adern in den Stamm flössen und ihn stark und kräftig machten.

Und als all die Kräuter und Sträucher des Gartens groß geworden, als die Bohnen an langen Stangen in die Höhe geklettert waren und der Kürbis in der Abfallecke seine Ranken wie dicke Schlangen über den Weg schob, da waren Frau Sonnenblumens Kinderchen große schlanke Jungfrauen geworden, die über die grüne Gartenhecke hinweg in des Nachbars Garten neugierig hineinschauten.

Und als dann die goldenen Äpfel an den Zweigen schaukelten, trug ein jedes der Jungfrauen ein herrliches, goldig leuchtendes Strahlendiadem auf dem Haupte, so herrlich wie es Frau Sonnenblume getragen hatte, und die Blumen des Gartens nannten sie ihre Königinnen.

So standen sie stolz und leuchtend wohl viele Wochen lang und lebten in inniger Freundschaft mit der alten guten Zaunwinde, die mit ihren weißen Trichterblüten herrlicher als je die grüne Hecke schmückte.

Und sie hatten Freundschaft geschlossen mit den Kindlein, der Fledermaus und dem Käuzchen und waren so glücklich wie es Blumen nur sein können.

Ihre größte Freundin aber war die liebe Sonne, nach der sie ihren Namen erhalten hatten.

Wo sie auch am Himmel weilen mochte, immer standen sie mit dem Antlitz der Sonne zugewandt voll inniger Dankbarkeit für die warmen Strahlen, die sie ihnen täglich spendete.

In ihren Blüten aber schwirrten die Hummeln, die Bienen und die Falter und holten daraus süße Speise für sich und ihre Kinder.

Prinzeßchen Ungeduld

Prinzeßchen Ungeduld.

Das war vor vielen, vielen Jahren, da hatte Kapitän Andersen Prinzeßchen Ungeduld auf seinem stattlichen Dreimastsegler aus Ostindien, wo sie ihm als kleines, zierliches, kaum stecknadelkopfgroßes Samenkörnchen irgendwo im Walde entgegengesprungen war, mit nach Haus gebracht und nun stand sie als schlankes, stattliches Jungfräulein zwischen den Kapuzinern, den Nelken und Stockrosen hart am Eingang des kleinen Schifferhäuschens und schaute sich neugierig die neue Heimat an.

Da stand ein riesengroßer grüner Bogen über der kleinen grün gestrichenen Holzpforte, in dem häßliche graue Vögel immerfort kicherten und piepsten, da hockte auf einem morschen Pfahl eine große hellgrüne Salzsäureflasche, in welcher sich die Wolken des Himmels und die Sonne spiegelten, da lag vor einer umgestülpten Tonne an einer langen Kette ein struppiger Haushund, der immer knurrte und bellte, wenn jemand hinter der hohen grünen Hecke vorüberging, und auf dem alten verwitterten Strohdach, welches kaum einen Meter von der Erde entfernt war, wuchsen sonderbare Pflanzen mit dicken fleischigen Blättern.

„Wie häßlich sind diese garstigen Pflanzen," sagte Prinzeßchen Ungeduld, „gut, daß ich nicht bin wie diese," und sie warf stolz ihr Köpfchen in den Nacken und reckte ihre rosenrote Blütenkrone in die Sonne, daß sie leuchtete wie ganz frisch geschliffene Rubine.

Die übrigen Blumen des kleinen Gartens bewunderten sie um ihrer Schönheit willen und sie waren freundlich zu Prinzeßchen Ungeduld und machten vor ihr artige Knixchen. Aber Prinzeßchen Ungeduld achtete ihrer nicht, hob stolz ihr Köpfchen und tat, als könne sie nicht sprechen.

So verging der erste Sommer in Prinzeßchen Ungedulds neuer Heimat und als es Herbst geworden war, verwandelte sie sich wieder, wie immer, wenn sie des Stehens an einem Ort überdrüssig war, in ein kleines Samenkörnchen, das nicht größer war als ein Stecknadelkopf, schlüpfte in ihr weiches grünes Bettchen und sprach zu sich: „Ach käme doch jemand, der mich forttrüge in einen vornehmen Garten mit edlen Blumen und edlen Kräutern. Hier hinter diesen langweiligen grünen Hecken will ich nicht länger mein Leben fristen, ich will dorthin, wo die Rosen blühen, die Lilien und die Rittersporne, dorthin, wo schön gekleidete Menschen auf goldenen Kieswegen wandeln und der Gärtner mich pflegt und wartet, mich putzt und badet."

Aber es verging Woche auf Woche und keiner war gekommen, Prinzeßchen Ungeduld fortzutragen in einen vornehmeren Garten. Und wieder vergingen viele Tage, und als es kälter und kälter wurde, als der eisige Novemberregen vom Himmel niederprasselte und grauer Nebel in den Garten

Kapitän Andersens einzog, da faßte sie einen kühnen verwegenen Plan.

Sie wollte dem ersten besten Menschen, der zu Kapitän Andersen in den Garten kam, einfach auf den Rand des Hutes springen, um so wenigstens aus ihrer Gefangenschaft herauszukommen. Das weitere würde sich schon finden, meinte sie.

Und als eines Tages ein vornehmer Herr durch den kahl gewordenen Laubenbogen in Kapitän Andersens Garten trat und leicht mit seinem Rockärmel das Bettchen berührte, in dem Prinzeßchen Ungeduld versteckt lag, schleuderte sie mit einem Ruck die weichen Kissen zur Seite und sprang mit einem großen Satz auf den Hutrand des fremden Besuchers, schlüpfte unter die graubraune Schleife und hielt sich mit ihren kleinen Händchen tüchtig fest, damit sie die Reise hoch oben auf dem Hutrand auch unternehmen konnte, ohne herunterzufallen.

Da saß sie nun wohlgeborgen und keiner der vielen Menschen, an denen sie vorübergingen, konnte sie entdecken.

Sie wanderte auf dem Hut des fremdes Menschen durch viele Straßen, fuhr über ein großes tiefes Wasser, und als sie einen riesengroßen Park mit vielen großen Bäumen, von denen dicke Wassertropfen unaufhaltsam zur Erde fielen, durchschritten hatten, gelangte Prinzeßchen Ungeduld in eine wunderschöne Gegend mit herrlichen Häusern, die von schmucken weiten Gärten umgeben waren.

In einen dieser Gärten trat der fremde Mensch ein, und als er ein Stückchen Wegs gegangen war, nahm Prinzeßchen Ungeduld sich ein Herz und sprang mit großem Satz vom Rand des Hutes herunter und fiel auf das frisch gegrabene Gartenbeet.

Nackt und bloß lag sie vor Kälte zitternd viele Tage und Nächte auf der schwarzen Erde, und als der erste Schnee in dicken Flocken vom Himmel fiel, als sie vor eisiger Kälte begann laut zu jammern und zu klagen, erbarmte sich ihrer ein dicker Regenwurm und zog das kleine Prinzeßchen Ungeduld unter die dunkle warme Erde.

So schlief sie viele Wochen und Monate in der warmen weichen Erde. Dann wurde es Frühling, und als die Sonne höher und höher stieg, verwandelte sich Prinzeßchen Ungeduld wieder in ein schönes stattliches Jungfräulein.

„Wie lieblich ihre Blüten anzuschauen sind," flüsterten die Blumen des Gartens, „und wie stolz sie ihre Blätter trägt," meinte die Rose, „kommt," sagte die feurigrote Lilie, „lasst uns sie begrüßen, damit sie mit uns fröhlich ist." Aber Prinzeßchen Ungeduld hob stolz ihr Köpfchen und antwortete keiner der vielen schönen Blumen, und was sie sich auch für Mühe gaben, ihr den Aufenthalt im Garten recht angenehm zu machen, sie blieb schweigsam und zog ein mürrisches Gesicht. Auch der Gärtner machte nichts zu ihrer Zufriedenheit. Wie er auch den Gartenweg, an dem sie stand, mit blinkendem goldenen

Kies bestreute, wie er sie auch putzte und badete, sie blieb unzufrieden und schob ihr Köpfchen stolz in den Nacken, wenn die vornehmen Menschen kamen sie zu bewundern und sie anzustaunen.

„Ich habe nicht länger Lust, in eurem Garten zu stehen," sprach sie, und als es wieder Herbst wurde, verwandelte sie sich abermals in ein kleines winziges Samenkorn, legte sich in ihr grünes weiches Bettchen und meinte: „Ich will im Garten des Königs blühen und mit den Prinzessinnen und der Königin zwischen herrlicheren Blumen lustwandeln."

Uns so kam es, wie sich's Prinzeßchen Ungeduld wünschte.

Ein großer schwarzer Rabe hüpfte des Weges daher, um zwischen den Blumen und den Sträuchern Käfer und Schnecken zum Schmaus zu suchen. Der streifte mit seinem schwarzen Wams das Bettchen des kleinen Prinzeßchens und kaum hatte er das getan, da schnellte sie in die Höhe, schleuderte die weichen Kissen zur Seite und sprang dem alten Raben ins Gefieder.

Der Rabe trug Prinzeßchen Ungeduld in den Park des Königs und als es wieder Sommer geworden war, hatte sie sich in ein schlankes stattliches Jungfräulein abermals verwandelt.

Nun stand sie mit all den anderen schönen herrlich leuchtenden Blumen vor dem Schloß des Königs und sie reckte stolz ihre Blätter in die Höh' und schmückte sich mit vielen hundert rosigen

Blüten. Aber die schönen prächtig leuchtenden königlichen Blumen achteten ihrer nicht, sie wandten sich ab, wenn Prinzeßchen Ungeduld mit ihnen sprechen wollte und auch die Königin mit ihren kleinen Prinzessinnen ging tagtäglich an ihr vorüber, ohne sie eines Blickes zu würdigen.

Da wurde Prinzeßchen Ungeduld traurig, ließ das lange Köpfchen hängen, weinte und sprach: „Ach wäre ich bei all den lieben Blumen in Kapitän Andersens Garten geblieben und hätte mich nie dieser schwarze garstige Rabe in den Park des Königs getragen.

Nie mehr will ich trotzig sein und ungeduldig – ach käme doch jemand, der mich fortbrächte von hier."

Diesmal war es ein schlanker weißhaariger Windhund der Königin, dem Prinzeßchen Ungeduld in seinen Haarschopf gesprungen war als winzig kleines Samenkörnchen, das nicht größer war als ein Stecknadelkopf. Der hatte sie viele Tage mit sich herumgetragen und als er eines Tages auf Befehl der Königin zum Wäscher geführt wurde, um sich den weißen Pelz waschen und kämmen zu lassen, da war Prinzeßchen Ungeduld in den Garten der alten Wäschersleute gesprungen und hatte sich über Winter unter einem verwelkten Rhabarberblatt versteckt, um nicht zu erfrieren.

Da blühte sie nun den ganzen Sommer hindurch zur Freude der beiden Alten und mit den übrigen Blumen des Gartens hielt sie gute Freundschaft.

Aber als der Herbst gekommen war, überkam Prinzeßchen Ungeduld wieder die Lust zum Wandern.

Es war ein kleines Mägdelein, dem sie ins Einholekörbchen gehüpft war. Die schüttete sie in den Garten und Prinzeßchen Ungeduld wuchs im kommenden Sommer stolz zwischen Kohl und Salat und als dann des Bahnwärters Frau in den Garten kam, sich Kohl zu kaufen, da war sie flugs in den Kohlkopf gesprungen und hatte sich zwischen den Blättern versteckt.

Zu früh hatte sich Prinzeßchen Ungeduld aber wieder aus den Kohlblättern herausgewagt. Noch ehe des Bahnwärters Frau die Anhöhe zu ihrem kleinen Gärtchen erstiegen hatte, war sie fortgesprungen und blieb ganz nahe an den Schienen liegen.

Da brausten die Züge vorüber und bliesen dem armen Prinzeßchen Ungeduld den Dampf ins Gesicht, Staub setzte sich auf ihre Blätter und ihre schönen rosigen Blüten wurden schwarz und häßlich. Sie fristete ein kümmerliches Leben und ihre blanken stolzen Stiele zerzausten in dem Zugwind der vorübereilenden Eisenbahnen.

An einem kühlen Herbsttag aber, als sich Prinzeßchen Ungeduld wieder in ein kleines winziges Samenkörnchen verwandelt hatte, welches nicht größer war wie ein Stecknadelkopf, da tat sie den kühnsten Sprung ihres Lebens. Sie schnellte mit solcher Gewalt auf das Trittbrett eines vorüberfahrenden Schnellzuges, daß sie für eine kurze Zeit die

Besinnung verlor. Zum Glück war sie gerade in eine tiefe Spalte gefallen, so daß sie nicht abstürzen konnte. So eilte Prinzeßchen Ungeduld durch die Welt, von Stadt zu Stadt, von Dorf zu Dorf, von Garten zu Garten.

Und auch heute noch, wenn ihr das kleine grüne Bettchen berührt, in dem sie zur Herbstzeit in ein kleines winziges Samenkörnchen verwandelt ruht, so springt sie euch entgegen, setzt mit verwegenem Sprung über Mauern und Hecken, haftet an euren Kleidern fest oder versteckt sich in eurem Haarschopf und ihr tragt sie, ohne daß ihr's wißt, von Garten zu Garten.

So gelangte sie auch eines schönes Tages wieder in Kapitän Andersens Garten mit dem großen grünen Laubbogen über der grün gestrichenen Holzpforte und der Salzsäureflasche auf dem morschen Pfahl, in der sich die Wolken und die Sonne spiegeln, mit dem struppigen Haushund vor der umgestürzten Tonne und den sonderbaren Pflanzen mit den dicken fleischigen Blättern, die auf dem verwitterten Strohdach wuchsen.

Aber geblieben ist sie auch diesmal nicht zwischen den Kapuzinern, den Nelken und Stockrosen.

Voll Ungeduld ist sie auch hier wieder fortgezogen. Wohin? . . . das kann ich euch nicht sagen.

Herbstzeitlose

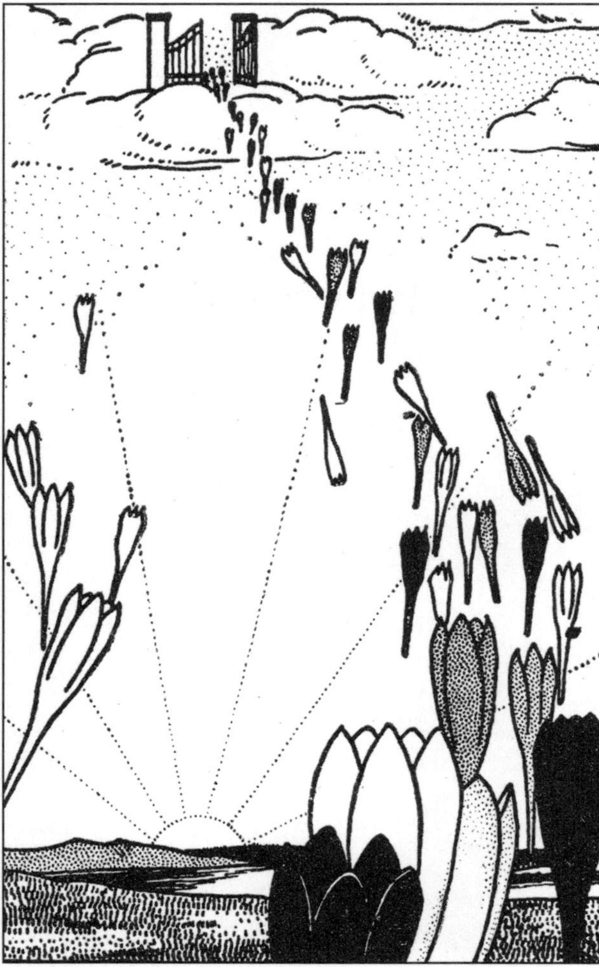

Herbstzeitlose.

Als Gott der Herr die Erde erschaffen hatte mit allem was drauf ist, und die Sterne und den Mond und die Sonne, sprach er: „Ich will mir einen Garten schaffen, in dem ich ausruhen kann von aller Arbeit.“ Und Gott der Herr rief alle Bäume, Sträucher und Blumen der Erde zusammen und setzte sie in seinen Garten. Und da die Sonne nicht aufhörte zu scheinen, und da es warm war und kühler Regen fiel, die Bäume, Sträucher und Blumen zu erquicken, so wuchsen sie zu seiner Freude und blühten ohne Unterlaß und sandten süße Düfte in den Garten. Und Gott der Herr hatte Wohlgefallen an ihnen und pflegte sie mit seiner göttlichen Liebe.

Und jeden Tag wandelte er durch seinen großen Garten, fragte ein jedes Blümelein nach seinen Wünschen und erfüllte diese, soweit sie zu seinem Heil dienten.

Und wie er so wandelte zwischen seinen Blumen, da erblickte er die weißen, blauen und gelben Safrane, die mit engverschlossenen Blütenkelchen im Schatten eines großen Wallnußbaumes standen und traurig ihre Köpfchen hängen ließen, und als er sie fragte, warum sie so traurig seien und ihre herrlichen Blüten nicht öffneten, da trat die Älteste der kleinen Safrane im gelben Kleidchen vor, verneigte sich in großer Demut und sprach: „Lieber Gott, seit vielen Jahren stehen wir an diesem Ort und freuen uns der lieben warmen Sonne und des kühlen Regens. Seit aber der Wallnußbaum sein dichtes Blätterdach über uns ausbreitete und alle warmen Sonnenstrahlen und allen kühlen Regen von uns nahm, stehen wir traurig da und müssen unsere Blüten schließen. Müssen wir nicht traurig sein, wo alle Blumen deines Gartens sich deiner Sonne und deines Regens täglich freuen können, wo alle anderen Blumen süße Düfte in den Garten senden, dich zu erquicken und dich mit ihren leuchtenden Farben zu erfreuen?"

Und Gott der Herr hatte Mitleid mit den kleinen Safranen und sprach: „Geht fortan auf die Erde und erfreuet die Menschen mit euren Blüten. Damit aber die großen Bäume euch nicht wieder die warme Sonne fortnehmen und den kühlen Regen, so sollt ihr fortan im frühesten Frühling blühen, noch ehe die Bäume grüne Blätter bekommen."

Und er segnete die kleinen Safrane, öffnete ihnen das Tor seines Gartens und sie wanderten fröhlich zur Erde nieder in die Gärten der Menschen.

Da blühen sie nun, wenn kaum der Schnee an der ersten Frühlingssonne getaut ist und schmücken die Gärten mit ihren seidenzarten blauen, weißen und gelben Blütenmäntelchen und reichen den Bienen goldenen Pollenstaub und süßen Honigkeim.

Viele der kleinen Safrane aber hatten die Weisungen des lieben Gottes vergessen und hatten sich auf dem langen Wege zur Erde und zu den Gärten der Menschen verirrt. Sie waren in die Wiesen und Täler geraten und müde von der langen Wanderung hatten sie beschlossen, dort ihren Wohnsitz aufzuschlagen.

Und als sie ihre blauen feinen zarten Blüten in der Sonne auseinanderbreiteten und so recht von Herzen fröhlich waren, kam eine Kuhherde langsam daher und verspeiste die armen kleinen Safrane mit Stumpf und Stiel.

Nur wenige, die sich flugs hinter hohen Grasbüscheln versteckt hatten, waren mit dem Leben davongekommen. Die eilten zum Garten des lieben Gottes zurück und baten um Einlaß.

Aber Gott der Herr sprach: „Wäret ihr nicht vom Wege abgewichen, hättet ihr euch hübsch folgsam zu den anderen Schwestern gehalten, so hättet ihr euch nicht verirrt. Aufnehmen kann ich euch nicht wieder in meinen Garten. Kehret daher zurück in eure Wiesen und Täler, seid fruchtbar und mehret euch und damit ihr fortan nicht wieder von den Kühen verfolgt werdet, will ich euch mit den Waffen des Giftes ausrüsten."

Und Gott der Herr tropfte einer jeden der kleinen Safrane scharfes Gift ins Herz. Als aber das Gift den kleinen Safranen durch die Adern floß, verwirrten sich ihre Sinne, sie vergaßen Zeit und Stunde und ihre tiefblauen Blütenkleidchen nahmen rosige Farben an, darüber ein duftig blauer Hauch ausgebreitet lag.

Und sie lobten Gott den Herrn und dankten ihm für seine große Güte. –

Dann nahmen sie Abschied von Gottes herrlichem Garten, wanderten durch viele Tage und Nächte zu ihren Wiesen und Tälern zurück.

Und immer wenn der Sommer zur Ruhe geht, wenn alle Blümlein weit und breit zum Schlafengehen sich anschicken, blühen sie in ungeahnter Pracht und Herrlichkeit und schmücken die grünen Wiesen und weiten Täler mit ihren rosigen, duftigblau überhauchten Kelchen. So prangen sie bis in den Spätherbst hinein und werden hinfort von den Kühen nicht mehr verspeist.

Die Menschen gaben ihnen den Namen „Herbstzeitlose“, weil sie der Zeit nicht eingedenk ihre zarten Blüten im Herbst entfalten, ihre Blätter und Früchte aber erst im nächsten Frühjahr aus den grünen Gräsern der Wiese recken.

Ihrem Samen aber hatte Gott der Herr Heilkraft verliehen und die Menschen kamen und sammelten sie und bereiteten daraus heilsame Arznei gegen Gicht und schmerzhaft Gliederreißen.

Silberlinge

Silberlinge.

Da Judas Ischariot, welcher Jesus Christus verraten hatte, sah, daß er zum Tode verdammet war, gereute es ihn und er brachte den Hohepriestern und den Ältesten die dreißig Silberlinge wieder und sprach: „Ich habe unrecht getan, daß ich unschuldig Blut verraten habe."

Die Hohenpriester und Ältesten aber sprachen: „Was geht das uns an? Da siehe du zu!"

Und Judas Ischariot nahm die dreißig Silberlinge und warf sie in den Tempel. Dann ging er hin und erhängte sich.

Die Hohenpriester und Ältesten aber hoben die Silberlinge auf und sprachen: „Es ist nicht gut, daß wir sie in den Gotteskasten legen, denn es ist Blut daran."

Und sie hielten einen hohen Rat ab und beschlossen, für die dreißig Silberlinge einen Töpfersacker zum Begräbnis der Pilger anzukaufen.

Da nun die Hohenpriester und Ältesten den Töpfersacker, der fortan der Blutacker benannt ward, angekauft hatten, welkten alle Kräuter und Blumen desselben dahin und es ward öde auf dem Acker und nichts ward fernerhin darauf angetroffen als Ton, Kies und nacktes Steingeröll, und alle Tiere der Umgegend, alle Vögel und Falter mieden die Stätte, die für die dreißig Silberlinge erworben ward.

Da aber geschah es, daß von den Pilgern, die des Weges daher kamen, einer starb. Und die Brüder nahmen seinen Leichnam, gruben auf dem Blutsacker ein Grab und legten ihn da hinein.

Des anderen Tags aber, als die Pilger von dannen gezogen waren und noch ehe die Sonne aufgegangen, blühten auf dem Grabe seltsame Blumen. Ihre Blüten trugen die Farbe des Purpurmantels Jesu Christi, den die Knechte ihm angelegt hatten, als sie ihn gegeißelt und verspottet hatten, und sie waren über und über damit gezieret.

So nun die Sonne am höchsten stand, glühten sie wie die Feuer der Hirten im Tale, und so die Nacht kam, dufteten sie nach Weihrauch und frischen Myrrhen.

Um die Zeit aber, da alle anderen Blumen der Erde süße Früchte trugen und goldene Ähren, da geschah es, daß an ihren Zweiglein Silberlinge hafteten, und es waren ihrer so viele, daß die Pflanzen sie kaum zu tragen vermochten.

Die Pilger aber, da sie solches sahen, sprachen: „Seht, das sind die Silberlinge, um deretwillen Judas Ischariot Jesum Christum, unseren Heiland, verraten hat.“ Und sie nahmen von den Silberlingen, weil sie glaubten, daß sie Wunderkraft besäßen und legten sie, als sie zurückgekommen waren, in ihre Hütten.

Die Silberlinge aber trugen in ihrer Mitte zierliche Samenkörnchen, worauf die Pilger nicht geachtet hatten. Und die Silberlinge öffneten sich und streueten den Samen aus. Etlicher davon aber fiel in die Gärten, welche ringsum die Hütten umgaben und brachte jedes Samenkörnchen ein Pflänzchen hervor.

Und als die Pflänzchen groß geworden waren, trugen sie purpurne Blüten und zur selbigen Zeit, da die übrigen Pflanzen der Erde Früchte trugen, hafteten an ihren Zweigen Silberlinge. Und es waren ihrer so viele, daß die Menschen kamen und davon mitnahmen.

So gelangte der Silberling vom Töpfersacker, den die Hohenpriester und Ältesten für das Blutsgeld erworben hatten, in unsere Gärten. Und er höret nicht auf, der Menschheit Kunde zu tun von dem schändlichen Verrat Judas Ischariots an Jesum Christum, unserem Heiland.

Die Goldweide

Die Goldweide.

In grauer Vorzeit war es, da lag einsam und verträumt, so lichtblau wie der Himmel im Junimonat, ein Weiher zwischen Wiesen und grünen Kornfeldern und zauberte weiße Lämmerwolken wieder, die über ihn am blauen Himmel dahinzogen. Goldgrünes Schilf raschelte an seinen Ufern, Rohrkolben standen stolz aufrecht im klaren Wasser und spiegelten sich darin wie eitle Kinderchen. Um gelbe Schwertlilien gaukelten die blauen und roten Wasserjungfern. In Sonnenglast badeten sich silberne Wasserrosen, der Wasserhahnenfuß blühte und seine Blütenpracht lag wie frisch gefallener glitzernder Schnee grün umsäumt mitten auf dem Spiegel des himmelblauen Weihers.

An diesem Tage stillen Sommersonnenglücks tauchten auch die Wassernixchen aus der Tiefe, um sich mit Faltern und Wasserjungfrauen zu vergnügen und auf schaukelnden Blättern der Seerose ihre zarten Glieder zu sonnen.

Da begab es sich, daß die Sonne sich verdunkelte und ein böser Sturmwind aus Westen daherblies. Der trieb ein tolles Spiel mit Schilf, Rohrkolben und Schwertlilien, schüttete den grauen Staub der Landstraße in die vergoldeten Kelche der Seerosen, peitschte den glatten Spiegel des Weihers, daß das

Wasser sich aufbäumte und seine Wellen schlugen über Blätter und Blüten zusammen.

Um dieselbe Zeit aber befand sich Prinz Wunderhold in einem leichten Nachen auf dem See und geriet durch den Sturm in große Not. Sein kleines, mit silbernen und goldenen Wänden geziertes Fahrzeug hatte sich auf die Seite gelegt und Prinz Wunderhold lag hilflos zwischen den grünen Blättern des Wasserscheer und rief in seiner Not um Hilfe.

Da schwammen die kleinen Wassernixchen herbei, um ihn vom Tode des Ertrinkens zu retten. Sie sprachen: „Edler Prinz, ihr tatet der Wunder viel in eurem Reich, Blumen und Blüten schufet ihr und edle Bäume ließet ihr sprießen mit königlichem Wuchs und schlankem Gezweig, daran wundersame Blätter haften und Früchte, wie sie unter der Sonne unseres Nordens nirgends zu schauen waren.

Wollt ihr, daß wir euch retten, so erfüllt uns einen Wunsch. Schaffet uns einen edlen zarten Baum, der so schlank ist wie eine Königin, der stolz ist wie ein König und dessen Zweige so zart und lieblich anzuschauen sind, wie das Goldhaar der Prinzessin, eurer edlen Gemahlin. Schaffet uns einen Baum, welcher schneller wächst als alle anderen Bäume unseres Landes und gebt ihm die Kraft, uns vor Stürmen und bösen Wettern zu schützen.“

Da antwortete Prinz Wunderhold: „Wohlan ihr kleinen Nixchen, euren Wunsch will ich erfüllen. Aber eilet zuvor in die Lande und bringet mir eine jede, was sie finde: Ein Blättchen, ein Tröpfchen oder gar ein Hälmchen."

Als die Nixchen das vernahmen, freuten sie sich über Prinz Wunderholds Versprechen. Sie zogen ihn ans Land, ihrer drei sorgten sein und gaben ihm süßen Wein zum Trinken und mit edlen Kräutern gewürztes Brot zum Essen, auf daß er sich stärke und guter Dinge sei. Die übrigen aber flogen, um zu bringen, was ihnen der Prinz geheißen.

Die erste ließ sich am grünen Wegrain nieder und suchte sich ein frisches hellgrünes Blättchen des Spitzwegerichs. Die zweite flog zum Stamm der alten verhutzelten Kopfweide, brach von ihrer Rinde ein Stückchen und flog damit heimwärts. Die dritte nahm vom purpurgoldenen Saum der Abendröte ihr Teil. Die vierte vom Weiher ein Wassertröpfchen. Die fünfte aber brachte vom Schilf das Wispern und Flüstern und legte es Prinz Wunderhold zu Füßen. Nur die sechste kehrte heim, ohne ihren Anteil zu bringen und sie war darob sehr traurig.

Da sprach Prinz Wunderhold: „Gib mir von deinem Goldhaar soviel wie ich gebrauche." Und sie schnitt ein Paar der köstlichsten Strähnen ihres Haares ab und legte sie zu den Gaben der anderen.

Prinz Wunderhold aber nahm dieselben zusammen, schüttete sie in seinen hohlen Stab, schlug mit dem Sporn seines Stiefels ein Loch in das Ufer des Sees und pflanzte den Stab da hinein. Dann sprach er seine Zauberformel:

„Wachse zum Stamm, du braune Rinde,
Walle du Goldhaar und wehe im Winde,
Wand're du Tröpfchen und netze das Laub,
Wispere und flüstere, banne den Staub,
Weile du Goldsaum am herrlichsten Kleide,
Wachse du Sproß und werde zur Weide."

Und die Nixchen brachten in Blüten der Ackerwinde klares Wasser und netzen damit die Stelle, in welcher der Stab eingesenkt war. Und als Prinz Wunderhold seine Hände noch einmal wie zum Segen über den in der Erde liegenden Stab ausgebreitet hatte, verabschiedete er sich von den glücklichen Nixchen und nahm seinen Weg gegen Westen, wo eben die Sonne wie ein glutroter Ball hinter den fernen dunklen goldumsäumten Wolkenbänken untertauchte.

Des anderen Tages aber, noch ehe die Sonne aus dem Dunst der entflohenen Nacht aufgetaucht war, stand an der Stelle, an welcher Prinz Wunderhold den Stab in das Ufer des Sees versenkt hatte, ein wundersamer Baum.

Auf stolzem schlanken Stamm wiegte sich die köstlichste edelste Baumkrone, die die Nixchen je gesehen hatten. Bis tief auf den Spiegel des Weihers hingen ihre zarten goldenen Zweige, an denen hellgrüne zarte Blätter hafteten, und wenn ein leiser Luftzug durch das goldene Astgeriesel zog, hob ein Wispern und ein Flüstern an und es war, als sängen alle Engel des Himmels zusammen genommen ihrem Herrgott eine Lobeshymne. In den Zweigen aber, die gleich einem goldenen Quell aus Himmelbläue quollen, lag ein feiner Schimmer, dem Hauche eines kostbaren Opales gleich, und an den Blättern, die wie frisch gewirkte Seide an den Zweigen hafteten, glitzerten in den Farben des Regenbogens Myriaden edler Demantsteine.

„Siehst du den schlanken Stamm," sagte ein Nixchen und schlug vor Freude einen Purzelbaum im Wasser, daß glitzernde Ringe in immer größeren Kreisen zum Ufer rannen, „er ist aus der Rinde geboren, die ich von der alten verhutzelten Kopfweide heimbrachte." – „Und da, die grünen Blätter," meinte die andere, „sie stammen vom Spitzwegerich am Wegrain." – „Hier die Zweige, – dein Goldhaar, liebste Schwester, und da der Wassertropfen aus dem Weiher! Vertausendfacht hat er sich und nun schimmert er gleich köstlichen Perlen an den Blättern." – „Und sieh die Morgenröte, wie sie in den Zweigen spielt, und höre, wie es wispert und flüstert in der Krone!" – „Von der Morgenröte brachtest du, Geliebte, den Baum und ich ließ mir vom Schilf das Wispern und Flüstern geben."

Dankbaren und glücklichen Herzens gedachten die kleinen Nixchen des gütigen Prinzen Wunderhold und sie sangen und tanzten, bis es Abend wurde und die Sonne im Westen wie ein großer Glutball in goldig umsäumten Wolkenbergen versank.

Ihre Goldweide aber wuchs prächtig heran. Immer wuchtiger reckte sich der Stamm in den Himmel, immer goldiger wurden die Zweige und wenn ein böser Sturmwind über die Lande brauste, schützte sie den kleinen Weiher, hielt den Staub der Landstraße fern, schirmte die Blüten und ihre goldgezierten Kelche und sang zu den brausenden Orgeltönen des Sturmes das Lied von der Schönheit der Welt, das uralte Lied von der himmlischen Liebe.

Die Goldweiden aber, die ihr an Seen und Teichen eurer Heimat seht, die entstammen allesamt dieser einen, die da in grauer Vorzeit irgendwo im Lande am einsamen und verträumten Weiher stand.

Menschen fanden sie dort, als der Wasserhahnenfuß wieder wie frisch gefallener glitzernder Schnee mitten auf dem Weiher blühte, als um Seerosen und Schwertlilien die Libellen gaukelten.

Menschen brachen sich von den Goldhaarzweigen kleine Reislein und senkten sie in die Erde an den Ufern der Gewässer wie einst Prinz Wunderhold seinen mit den Nixengaben gefüllten Wanderstab am Ufer des stillen Weihers versenkte.

Auch unsere Goldweiden singen zu den brausenden Orgeltönen des Sturmwindes ihr Lied von der Schönheit der Welt, das uralte Lied von der himmlischen Liebe. Geht hin und lauscht und ihr werdet es vernehmen.

Die Schneebeere

Die Schneebeere.

Ich nehme an, ihr kennt die Abende, diese langen kalten Winterabende, in denen der eisige Sturm aus Nordwesten, unaufhaltsam daherbläst, daß die kahlen Bäume wie Äolsharfen dumpf und pfeifend heulen, wo einem die Ohren wie ein paar Eismuscheln am Kopfe haften, wo einem die Nase schmerzt und die Fingerspitzen brennen und die Füße trotz der von der lieben Mutter sorglichst gestrickten dicken wollenen Strümpfe und der vom Weihnachtsmann gebrachten Wildledergamaschen dennoch nicht warm werden wollen.

Aber kennt ihr die stillen ruhigen Nächte, in denen die schwarzen Wolkenberge aus Westen wie Riesengespenster sich unter dem Sternenhimmel herwälzen? Habt ihr die lieblichen Weisen vernommen, welche Bäume und Sträucher in solch stillen Stunden raunen, habt ihr dem leisen, ganz leisen Klingen und Singen schon einmal gelauscht, wenn aus den Riesengespenstern da oben am Himmel der Schnee in dicken weißen Flocken herniederrieselt und die zartesten Zweige der Bäume und Sträucher, der dürren Gräser und trockenen Blüten wie in dicke weiche und glitzernde Watte einhüllt? Wohl kaum, ihr lieben kleinen Gesellen! Ihr ruht in euren warmen Bettchen, träumt vom Schneemann und von

Schneeballschlachten, träumt von spiegelblanker Eisbahn, von hungrigen Vögelchen, von Eisblumen am Fenster und vom Lichterbaum und wenn ihr dann erwacht, dann reißt ihr die Äuglein auf, sucht vergeblich nach den Eisblumen am Fenster und ruft begeistert aus: „Es hat geschneit!"

Ja, es hatte geschneit in stiller Nacht in der ihr träumtet, es hatte unaufhaltsam aus den schwarzen Riesengespenstern, die vom Westen her unter dem Sternenhimmel vorüberzogen, geschneit! Und nun ist es mit der leisen, ganz leisen Himmelsmusik da draußen vorbei und die ganze große liebe Welt liegt wie in glitzernde weiche Watte wohl verpackt vor euren Blicken.

Stämme und Äste haben edle weiße Pelze angezogen, Pfähle und Pfeiler tragen dicke weiße Pudelmützen, selbst die alte Pumpe auf dem Hofe hat ein weißes Pelzbarett aufgesetzt und ihr rostiger Schwengel trägt ein molliges weißes Winterkleid.

Nach dieser stillen friedlichen Nacht mit ihrem Singen und Klingen, mit ihren schwarzen Riesenwolken und den unaufhaltsam rieselnden Schneeflocken, stand ganz weit, weit draußen vor einer Stadt, wo nicht der Schneekehrer mit seinem Besen und dem hölzernen Schieber die Fußwege schabt und kratzt, wo noch der Schnee in der Abendsonne in roten, blauen, grünen, goldenen und silbernen Farben sprüht, ein kleines zierliches Sträuchlein.

Eben war es aus seinem Schlafe erwacht und schaute verwundert in die weiße herrliche Welt.

„Wie schön ich heute bin," sprach das kleine Sträuchlein. „Nie habe ich ein so prächtiges Gewand getragen wie an diesem Morgen." Grüne Blätter trage ich sonst jahraus jahrein und meine Blüten sind so winzig, daß sie von niemandem auf der ganzen großen Erde beachtet werden. Nun kann ich mich freuen mit all den anderen Sträuchern des Landes, nun bin ich so schön wie die Rosen im Garten des Kaisers, nun bin ich schöner, viel schöner noch als Jasmin und Weigelstrauch, als Flieder und Goldregen!"

Ja, es war herrlich anzuschauen das kleine zierliche Sträuchlein, so herrlich wie eine schlanke zarte Prinzessin im weißen Hermelinmantel.

So stand es im Dämmerdunst des milden Wintermorgens und neigte seine dünnen, mit blauüberhauchter Schneelast schwer beladenen Zweiglein zur Erde nieder und erwartete klopfenden Herzens die Morgensonne, die sich schon seit geraumer Zeit im Osten hinter den Bergen zu schaffen machte. Sprühende Feuergarben schickte sie voraus wie immer, wenn der Dunst der Nacht noch über der schläfrigen Erde lag.

Jetzt stieg sie empor, Flammen züngelten zum Himmel und die blutroten Lodergluten ergossen sich über ferne Wolken, färbten den schneebehangenen Wald mit Purpurfarben, übergossen die Berge mit rosigem Hauch und legten auf die Schneedecke der weiten, weiten Ebene all die herrlichen Farben, die ein Maler auf seiner Palette nur aufzutragen vermag.

Und als die große rotglühende Sonnenkugel am klaren kobaldblauen Himmel dahinrollte und aus ihrem Leibe die goldgelben Strahlen auf die Erde sandte, da glühte auch unser kleines Sträuchlein und zitterte am ganzen zarten Körperchen vor freudiger Erregung.

„Liebe, liebe Sonne, ich grüße dich," jauchzte das glückliche Geschöpfchen. „Siehst du, wie schön und herrlich ich anzuschauen bin? Weißt du, wie glücklich mich die Nacht gemacht hat? Nie trug ich schönere Kleider als an diesem Morgen, nie legtest du deinen Goldglanz so prächtig auf meine Kleider. Wie danke ich dir, du liebe Sonne! Ach laß mich glücklich bleiben und gib du Mutter allen Lebens mir von deiner göttlichen Kraft, damit ich schön bleibe und die Menschen und Tiere erfreue."

Doch die Sonne hörte das Bitten des kleinen Sträuchleins nicht, dazu war sie zu weit entfernt, höher und höher stieg sie zum Himmel empor. Immer wärmer und wärmer wurden ihre Strahlen und ehe es Mittag geworden war, begannen Pfähle und Zäune ihre warmen Pudelmützen herunterzunehmen. Stämme und Zweige warfen ihre Winterpelze ab und als ein leiser Windhauch durch die Zweige blies, fiel die weiße Pracht zu Boden.

Da gewahrte auch unser kleines zierliches Sträuchlein, daß sein herrliches Kleid langsam dünner und dünner wurde und ehe die Sonne hinter dem nahen Wald verschwand, stand es nackt auf seinem Platz und weinte so bitterlich, daß an all seinen zarten Zweiglein dicke, dicke Tränen hingen, welche der garstige Frost in lauter schillernde Eiskügelchen über Nacht verwandelte. Und als des anderen Tages wieder die Sonne am blauen Himmel emporstieg, als das kleine Sträuchlein bemerkte, daß es immer noch kahl und ohne Schmuck am Gartenrande stand, begann es wiederum bitterlich zu weinen.

Aber der Wind hatte Mitleid mit ihm, trocknete seine Tränen und sprach: „Gib dich zufrieden, du liebes kleines Wesen. Lege dich nun schlafen, und wenn der Frühling ins Land zieht, will ich dich wecken. Inzwischen eile ich zur Mutter Natur und erzähle ihr deinen Kummer. Sie wird deinen Blüten die Wunderkraft verleihen, schöne Beeren hervorzuzaubern die so weiß sind, wie der Schnee und die so prächtig leuchten, daß Menschen und Tiere da-ran ihre Freude haben. Schlafe nun und ruhe dich aus, damit du im kommenden Frühling die Kraft hast, unzählige Blüten hervorzubringen."

Dann eilte der Wind davon und das Sträuchlein dankte ihm und tat wie ihm geheißen.

Es fiel in einen tiefen, tiefen Schlaf und merkte nicht, daß es noch in mancher Nacht ein Mäntelchen trug aus lauter glitzerndem Schnee, daß nach mancher Nacht die Sonnenstrahlen dieses Mäntelchen zerstörten und wußte auch nichts davon, daß Mutter Natur eines Morgens ganz heimlich dahergeschlichen kam, um ihm seinen Herzenswunsch zu erfüllen.

Ja, Mutter Natur hatte sich nach dem Besuch des Windes auf den Weg gemacht und hatte ganz leise und heimlich ein Wundertröpfchen in jedes seiner tief schlummernden Knospen gegossen, hatte die dünnen zierlichen Zweiglein leise, ganz leise gestreichelt und war wieder davongeeilt.

Inzwischen war der junge Frühling mit seinen Schneeglöckchen, den gelben Annemonen und den Safranen ins Land gezogen und wurde von den Bäumen der Erde zum König eingesetzt. Und kaum saß er auf seinem bunten Blumenthron, da weckte er all seine schlafenden Knospen und ringsum in seinem Reich begann ein Sprießen und ein Blühen. Vögelein sangen liebliche Lieder, an den Wiesenrändern schwollen Bächlein und Rinnsale und erzählten sich von des Königs Güte und Liebe bei Tag und bei Nacht.

Auch unserem Sträuchlein schwollen nach langem Schlaf die Knospen. Es drängten sich braune

Spitzchen hervor, es kamen hellgrüne Seidenblätter, die sich wie ein Schleier um Zweige und Ästchen legten und als an einem Frühlingsmorgen ein leiser milder Frühlingsregen fiel, als die Erde sich lockerte und duftete, so fein duftete wie das herrlichste Riechwasser, da stand es im Schmuck seiner Blätter und sog den Frühlingsodem in seine Lungen ein.

Dann kam die Zeit, wo ein buntes Blühen und Glühen an Strauch und Baum einsetzte, wo auch die zierlichen rosigen Blüten zwischen den Blättern unseres kleinen Sträuchleins zu vielen Hunderten erschienen.

„War ich sonst so reich mit Blüten geschmückt?" meinte es. „Sollte Mutter Natur wirklich meinen Blüten die Kraft gegeben haben, schneeweiße herrliche Beeren hervorzubringen? Wie glücklich würde ich sein!"

Und bei all der Hoffnung während der langen Sommermonate, bei aller freudigen Erwartung bemerkte es kaum das heimliche Schwellen grüner Knötchen unter seinen rosigen Blüten.

Aber es kam die Zeit, wo dieses Schwellen immer stärker wurde und da – es war an einem heißen Spätsommertag, da wurde das Sträuchlein des Segens der allgütigen Mutter Natur offenbar. Ein Zittern ging durch seine Ästchen und in glückerfüllter Dankbarkeit und in wonnigem Erschauern sank es in seine Knie und zur Sonne gewendet sprach es ein heiß Gebet. „Du Förderin allen Lebens, durchglühe meinen Leib, spende du meinen schwellenden Beeren deine Strahlen, daß sie wachsen und reifen zur Freude aller Menschen und Tiere, zu meinem Glück, zu meiner Wonne."

Sie wuchsen und wuchsen die grünen Beeren, drängten sich zusammen und es wurden ihrer so viele, daß sie kaum Platz hatten nebeneinander. Und als der Herbst den Sturm durch das Baumwerk jagte, als alle Blätter am Boden lagen, der Rosenstrauch korallenrote Beeren trug und die Weinranken der Laube mit blauen Beerentrauben gezieret waren, da beugten sich die grünen Zweige unseres Sträuchleins unter der Last schneeweißer seidenglänzender Beeren.

Sie leuchteten in nebelgrauen Tagen des November, sie leuchteten in dunklen Nächten, und wenn der Mond hinter den Wolken hervorschaute und sein weißes Silberlicht über Bäume und Sträucher gleiten ließ, dann geschah es wohl, daß Menschen vorübergingen, die glaubten, es seien flimmernde Sterne vom Himmelzelt gefallen und hätten sich in den Zweigen des kleinen Sträuchleins verfangen.

Uns sie gaben ihm darum den Namen Sternenstrauch und andere wieder nannten es Schneebeere, weil seine Beeren so weiß und leuchtend waren wie frisch über Nacht aus den schwarzen Riesengespenstern gefallener Schnee. –

Wenn ihr einmal in dunkler Nacht oder am späten Abend durch die Natur wandert, dann achtet auf den kleinen Strauch mit den schneeweißen Beeren, dann vernehmet ihr dasselbe Klingen und Singen wie in jenen Winternächten, in denen der Schnee unaufhaltsam herniederrieselte!

Dann vernehmet ihr ganz deutlich ein heimlich Raunen – das ist das Loblied des kleinen Schneebeerstrauches an die allgütige Mutter Natur.

Stiefmütterchen

Stiefmütterchen.

Draußen vor dem geöffneten Fenster des stillen Stübchens hauchte der Maienwind seinen milden warmen Hauch durch die Apfelbäume und schüttelte rosigen Blütenschnee auf Weg und Rasen. Eulen lockten und von weit her, aus irgend einem Baumwipfel, ganz oben fast unter dem abendblauen Zelttuch des Himmels mußte sie sitzen – drang das Liebeslied der Drossel in den Frühlingsabend.

Stiefmütterchen dufteten, wie eben Stiefmütterchen duften können an solchen Abenden, so mild und süß, und auch die im Tonkrug auf dem Arbeitstisch des Stübchens stehenden entsandten Düfte, – Düfte vom Maiengrün zarter Birken und Honig.

Blumen duften stärker, wenn sie in Krügen stehen; sie welken schneller und sterben eher als die da draußen im Maienhauch, und so geschah es, daß ein gelbes Stiefmütterchen mit himmelblauem Kleidersaum sich vornüber neigte über den Rand des tönernen Kruges, daß es grau und matt zusammensank, und ehe der Dichter es erfaßte, purzelte die Todesmüde auf die Ecke seines Bogens, auf dem soeben das Märchen vom winterlichen Wallnußbaum seinen Anfang nahm.

„Schreibe nicht ein Märchen vom winterlichen Wallnußbaum," flüsterte ein kleines Stimmchen dem Dichter ins Ohr, „siehe wie es grünt und rosig blüht, schreibe vom Frühling das Märchen, schreibe das Märchen vom Himmelfahrtstag, vom – nun nenne es, wenn du willst, das Märchen vom Stiefmütterchen.

Die Blumenseele, dieses feinste und hellste Wesen aller Wesen auf Erden, war dem Kelch der welken Blüte entschlüpft, hatte sich dem Dichter ins Ohr gesetzt und flüsterte ihm zu:

„Draußen, weit draußen auf einsamer Halde, wo Hirtentäschelkraut Blüten trägt und die Sternmiere flimmert, der Vogelknöterich zwischen dürren Gräsern schleicht und der Gundel rankt, steht meine Wiege. Unfruchtbar Land haben sich meine Väter zum Wohnsitz erwählet, Land, durch welches niemals der Pflug sein Eisen führte, Land, welches dürr und brach in Wind und Sonne liegt. Doch meines Volkes Stamm war von altersher ein zufrieden und glücklich Volk und so kam es, daß es sich mehrte und wuchs, es wuchs und bevölkerte die unfruchtbare Scholle, dichter und dichter wurde die Schar und wenn der Frühling mit warmen Winden aus dem Süden zog, dann übergoß eine blaue, tiefblaue Glut das Land, auf dem es sich angesiedelt hatte. Tiefblaue Glut lag zwischen den sprießenden Saaten; ein Stück des morgendlichen, sonnenglutdurchtränkten Frühjahrshimmels schien auf die Erde gefallen zu sein mit schattenden Wolken und blinkenden Regentropfen.

So feiern wir, die Kinder der Einsamkeit, schon viele tausend Jahre die Auferstehung der Natur in immer derselben Pracht und Herrlichkeit."

„Wohlan, so seid ihr Kinder des Himmels und der Sonne," sprach der Dichter zur Blumenseele. „Sage mir, weißt du nicht am Ende gar, wer euch entsandt hat und wann es war, da deine Väter vom blauen Himmel auf die Erde herniedergekommen sind?"

Die Blumenseele aber sprach zum Dichter: „Wenn du es hören willst, so höre. Es geht eine Sage durch unser Volk, die Sage von der Himmelfahrt Jesu Christi, unseres Heilandes. Als Christus seine Jünger einst um sich versammelt und ihnen befohlen hatte, daß sie nicht von Jerusalem wichen, sondern warteten auf die Verheißung des Vaters, als er sie hinaufgeführt hatte bis gen Bethanien, da erhob er seine Hände und segnete sie. Da geschah es, da er sie segnete, daß er aufgehoben ward zusehends und daß eine Wolke kam und ihn aufnahm vor den Augen seiner Jünger und daß er hinaufgehoben ward in den Himmel, wo er nun sitzet zur Rechten Gottes. Um dieselbe Zeit aber, da er hinaufgehoben ward, öffnete sich der Himmel und die Engel des Himmels streueten uns Blumen auf die Erde nieder zum Wohlgefallen und zur Freude der Menschen und sie gaben uns die himmlische Kraft des Lebens, den verheißenden Glanz des Himmels und der Morgensonne und den erquickenden Duft der Maienblüte.

Alle Jahre aber um die Zeit, wo der Himmelfahrtstag Jesu Christi die Menschen hinaustreibt in den Frieden der grünenden und der mit jubilierenden Vögeln erfüllten Wälder, in die von Frühlingswonnen, von Sonnenglanz und keimenden Saaten erfüllten Felder, feiern auch wir das Himmelfahrtsfest, legen unsere herrlichen Festgewänder an und leuchten wie der Himmel über uns so tief und klar.

Und unsere Farbenpracht zog die festlichen Menschen zu uns hinaus und da keine Blume der ganzen weiten Erde so schön war als wir, wähleten sie uns aus, um mit unseren Blüten Gassen und Straßen zu schmücken. Christi Gärten fülleten sie mit unseren Farben, von Haus zu Haus, von Tür zu Tür legten sie die Zeichen von Glaube, Liebe, Hoffnung, sie warteten unser und pflegten uns bis zum Sonnenuntergang. Himmelfahrtsblumen hießen wir fortan, als Himmelfahrtsblumen kennen uns noch heute die Bewohner eines kleinen Städtchens weit, weit im Norden unseres Reiches."

„Schmückt ihr auch heute noch Gassen und Straßen, Häuser und Türen des festlichen Städtchens?" fragte der Dichter.

„Bis auf den heutigen Tag hat sich dieser Brauch erhalten," erwiderte die Blumenseele. „Auch heute noch wandert die Jugend hinaus ins freie Feld, pflückt die Blüten der Himmelfahrtsblumen und schmückt damit die Gassen und Straßen. Nimm deinen Wanderstab zur Hand und wandere gen Norden und du wirst an ein Städtchen gelangen nicht weit von der Nordsee, allda wandert am Vorabend des frohen Tages der Himmelfahrt Christi die Jugend hinaus in die Felder mit Körben und Taschen und pflückt, bis die Nacht ihre Schleier über die Erde legt. Sind Taschen und Körbe mit der blauen Pracht gefüllet bis an den Rand, dann eilt sie heim, die singende Jugend und ist frohen Mutes und frommen Herzens, denn morgen kommt ja der Tag, wo graue steinerne Straßen mit Gärten geschmücket sind, mit Gärten, voll himmelblauer Himmelfahrtsblumen, mit Gärten, darin die Zeichen von Glaube, Liebe und Hoffnung aus blauen, himmelblauen Blüten ausgelegt sind.

Und der Morgen kommt heran, Schlösser knarren in stillen verträumten Straßen und heraus treten leis und mit hellen sonnigen Augen hie und da ein paar Buben und Mädchen. Sie streuen schneeweißen Sand zu beiden Seiten der Treppenstufen, die zur Eingangstür leitet, sie formen ihn mit ihren Händchen zum Rechteck oder Kreis, legen mancherlei liebliche Muster da hinein, zeichnen Kreise, Quadrate, Herzen, Anker und Kreuz, die Zeichen von Liebe, Hoffnung und Glaube und wirken so ein regelrecht Teppichgärtchen vor ihrer Türe. Straßauf straßab sieht man gar bald die Jugend vor jedem Hauseingang geschäftig Teppichgärtchen legen, sie wetteifert untereinander, denn es möchte ein jedes Haus den besten Himmelfahrtsgarten vor seiner Türe haben.

Auf diese Muster aus schneeweißem feuchten Sand legen sie alsdann die Stiefmütterchen, und noch ehe die Glocken vom Turm die Einwohner zum Gottesdienste rufen, sind die Straßen in einen einzigen großen herrlichen himmelblauen Blumengarten verwandelt. Die Stadt gleicht einem Paradiese an diesem heiligen und hohen Feiertage.

Wieder wie in jener Zeit, wo Christus aufgehoben ward und eine Wolke ihn aufnahm vor den Augen seiner Jünger und ihn einführte in den Himmel, wieder schien sich auch heute der Himmel geöffnet zu haben, um durch seine Engel der kleinen Stadt Blumen vor die Türen zu streuen."

„Aber die Seele dieser vielen kleinen tausend Blüten, wohin wandern sie, wenn die Blüten welken und sterben?" fragte der Dichter. „Wohnt nicht in jeder Blüte solch eine kleine zarte Seele, wie du es bist?"

„In einer jeden von ihnen wohnt ein solches Wesen," antwortete die Blumenseele, „Ja, wenn sie matt werden die blauen Blümelein, wenn sie verwelkt und gestorben sind, dann nehmen ihre Seelen Abschied, fliegen aufwärts, und erfüllen die Luft mit himmlischen Klängen und eilen zurück in die Einsamkeiten, woher sie gekommen. Dort warten ihrer schon die eben erblühenden aus den Knospen drängenden Blüten und nehmen sie auf, auf daß Leben, Duft und Sonnenglanz hinfort in ihnen weile.

So leben sie weiter von Geschlecht zu Geschlecht und sterben nicht aus, denn neue Blüten warten auf ihre Seelen, so viele, wie müde, matt und alt gewordene starben während eines Tages. Wäre es anders, wie wäre wohl das Land, auf dem sie wohnen, so herrlich blau wie der Himmel, so goldig schimmernd wie der Sonne Strahlen.

Auch ich muss nun eilen, meine Zeit ist gekommen. Draußen drängt ganz heimlich ein Blümlein sich aus seiner Knospe, ich höre schon sein leises Klingen, und noch ehe der Tag erwacht, muss ich ihm Leben, Duft und Sonnenglanz geben."

„Und fliegst du auch zu denen in der Einsamkeit?" fragte der Dichter.

„Nein," sagte die Blumenseele, „die zum Leben und Blühen und Duften sich drängende Knospe steht in deinem Garten, dort wo du diese Blumen in dem Tonkrug hier pflücktest. Uns hat Gott der Herr bestimmt, die Maiengärten mit bunten Farben und süßen Düften zu erfüllen und sandte uns zum Gärtner, daß er uns pflege und warte, auf daß wir große herrliche Blüten bekommen. Und so wurden wir schön und prangen in allen Farben und es gibt kaum einen Garten im ganzen Lande, in dem wir Stiefmütterchen nicht weilen."

Die kleine Blumenseele war durch das geöffnete Fenster in den Garten geflogen. Ein Blümlein hatte beim Sonnenaufgang Leben, Duft und Sonnenglanz empfangen.

Denn die Blumenseele war in sein Herz geschlüpft und sie pochte darin und trieb ungestüm das Blut durch die feinen, ganz feinen Äderchen und es wuchs Duft darin und süßer Honig quoll hervor und lockte die Insekten.

So wanderte das kleine Seelchen von Blüte zu Blüte und wo sie in ein Stübchen kam, da erzählte sie das Märchen von den Himmelfahrtsblumen und schlüpfte wieder fort und lebt noch heute und lebt immerfort.

Der Dichter aber fuhr noch desselbigen Jahres in die Stadt und trat ein in die festlichen Straßen am Himmelfahrtstag und konnte sich nicht satt sehen an all der Pracht, an all der himmelblauen Herrlichkeit, die da vor den Türen auf den Straßen ausgebreitet lag und er schrieb das Märchen von der Himmelfahrtsblume, dem Stiefmütterchen, auf daß ihr's kennen lernen sollt und es gleich macht den Bewohnern der kleinen Stadt, die da heißt Esens und die da liegt im Norden ganz hart am Strande der Nordsee.